JN246837

BIBLIOTHECA INDOLOGICA ET BUDDHOLOGICA 21

『瑜伽師地論』における五位百法対応語ならびに十二支縁起項目語

—仏教用語の現代基準訳語集および定義的用例集—
バウッダコーシャ V

編 著

室 寺 義 仁 （代 表）

高 務 祐 輝

岡 田 英 作

TOKYO : THE SANKIBO PRESS 2017

BIBLIOTHECA INDOLOGICA ET BUDDHOLOGICA
edited in chief by Kenryo MINOWA

21

Bauddhakośa:
A Treasury of Buddhist Terms and Illustrative Sentences
Volume V

Terms Contained within the One Hundred Elements (*dharma*)
and
Terms of the Twelve Members of *pratītyasamutpāda* in the *Yogācārabhūmi*

Written and Edited by Yoshihito MUROJI (in chief)
Yuki TAKATSUKASA
Eisaku OKADA

Published in March 2017 by the SANKIBO PRESS, Tokyo
© 2017 Yoshihito MUROJI *et al.*

All rights reserved. No part of this book may be reproduced by any means
without prior written permission from the publisher.

Distributed by the SANKIBO PRESS
5-28-5 Hongo, Bunkyo-ku, Tokyo 113-0033 Japan

BIBLIOTHECA INDOLOGICA ET BUDDHOLOGICA 21

『瑜伽師地論』における
五位百法対応語ならびに十二支縁起項目語

―仏教用語の現代基準訳語集および定義的用例集―

バウッダコーシャⅤ

編著

室寺義仁（代表）

高務祐輝

岡田英作

TOKYO : THE SANKIBO PRESS 2017

はじめに / Preface

本書は、初期瑜伽行派の根本典籍『瑜伽師地論』(*Yogācārabhūmi*) における仏教用語に関して、定義的用例と見做される記述箇所を抽出し、吟味された現代訳語を提示することを目指した共同研究成果の一部である。定義的用例に基づく仏教用語の現代基準訳語検討の試みは、斎藤明教授を研究代表者とする、所謂バウッダコーシャ・プロジェクトにおいて推進されて来た。これまでに、『倶舎論』を中心とした五位七十五法、瑜伽行派の五位百法、パーリ文献の五位七十五法対応語を扱った研究成果が公刊されている。仏教用語の現代訳語を問い直すことの意義と重要性については、既に、本研究プロジェクトの既刊シリーズ、『『倶舎論』を中心とした五位七十五法の定義的用例集』(斎藤 ほか [2011])、並びに、『ブッダゴーサの著作に至るパーリ文献の五位七十五法対応語』(榎本 ほか [2014]) それぞれの巻頭において的確に論じられており、ここで新たに付言すべきような点はない。平成 19 年度から始まったこのような流れの中で、平成 23 年度から室寺が連携研究者の一人として参画する機会を得、続いて、平成 25 年度からは、「インド瑜伽行派関連術語の調査・検討」という研究課題の許での研究分担者の一員となったことから、新たに高務祐輝、岡田英作を研究協力者に迎え、室寺研究班としての活動を遂行してきた。そして、この研究課題は、研究代表者である斎藤明教授が東京大学を定年退職の後、国際仏教学大学院大学に移られた平成 28 年度から始まる「バウッダコーシャの新展開—仏教用語の日英基準訳語集の構築—」と題する JSPS 科研費・基盤研究 (A) (科研番号:16H01901、平成 28～30 年度) に引き続き継承されて、現在に至っている。我々研究班による実質 4 年間 (平成 25～28 年度) に満たない研究成果を本書のような形にまとめ上げることができたのは、高務祐輝、並びに、岡田英作による研究遂行の結果としての賜物であることを、まず最初に記しておきたい。

さて、本書が調査・検討の対象とする『瑜伽師地論』は、インド大乗仏教二大学派の一翼を担う瑜伽行派の諸文献の中で最も古く、同学派の教義が展開する上での起点となっているという点で非常に重要である。初期瑜伽行派における仏教用語の理解事情を明らかにするためには外すことができない論書である。しかし、その中核にあたる古層部の「本地分」に関して、残念ながら、文献学的研究の土台とも言えるサンスクリット校訂テキストが未だ出揃っていない状況にある。一定の範囲を扱って公刊されてきた各校訂本も、1950～70 年代に出版された比較的古いものについては、およそ半世紀に亘る瑜伽行派研究の蓄積を経た現在から見るならば、当時の時代的制約に起因する誤りや不備が指摘されるようになって来た。近年、こうした事情を背景にして、例えば、大正大学の声聞地研究会によって、『瑜伽師地論』「声聞地」に対する再校訂作業を踏まえての翻訳研究が順次公表されて来た。しかしながら、本書で中心的に扱う『瑜伽師地論』「本地分」の第一「五識身相応地」、第二「意地」、第三～五「有尋有伺等三地」の既刊校訂本 (BHATTACHARYA [1957]) に関して言えば、しばしばテキスト上の問題が指摘されて来たにも関わらず、全面的な再校訂は未だに果たされていない。実際のところ、既刊校訂本が出版されてから半世紀以上を経た現在に至るまで、当該箇所を本格的に取り扱う文献研究がほとんど見られないのは、こうした文献学的理由に因るところが大きいと思われる。そこで、我々研究班は、本研究課題を遂行するに当たり、基礎となるサンスクリット原文の問題を放置したままで、用語の現代訳語の検討のみを積み重ねることに就き、可能な限りこれを避けたいとの思いが強く、現存する唯一の写本に基づき、サンスクリット原文を検討することから始め、必要に応じて既刊校訂本に訂正を加えるという基礎的研究作業から取り組むことにした。この点は、調査対象に関して、既に信頼に足る校訂本が出版されていた既刊シリーズ I～III とは事情を異にしており、本書の第一の特色になっている。

本書で採録した定義的用例を伴う用語は次の 2 つのまとまりから成る。

(1) 「本地分」の「五識身相応地」(*Pañcavijñānakāyasaṃprayuktā bhūmiḥ*)、「意地」(*Manobhūmi*)、「有尋有伺等三地」(*Savitarkasavicārādibhūmi*)、並びに、「摂決択分」の「五識身相応地意地」(*Pañcavijñānakāyasaṃprayuktamanobhūmiviniścaya*)、「有尋有伺等三地」(*Savitarkasavicārādibhūmiviniścaya*) から回収される、五位百法に対応する用語

(2) 「本地分」の「有尋有伺等三地」で個別解説 (vibhaṅga) される、avidyā から jarāmaraṇa に至る十二支縁起を構成する用語

(1) 五位百法に関連する『瑜伽師地論』の定義的用例については、既にバウッダコーシャシリーズ II『瑜伽行派の五位百法』(斎藤 ほか [2014]) の中で、参考情報としてサンスクリット原文を引用している。本書で改めてそれを取り上げる主な意義は、上述のような既刊校訂本に関する文献学上の問題を、写本を中心に用いて解消することに加えて、新たに漢訳とチベット語訳を揃え、さらに、訂正テキストに基づく和訳を試みている点にある。このことについては、既に研究プロジェクトのニューズレターにおいて報告されている通りであり、詳しくは高務 [2015b] を参照されたい。

(2) 十二支縁起の各用語に関する現代語への訳語検討の試みは、平成 23 年度当初より室寺が取り組んでいた課題であり、研究班となってからも継続して来た。『瑜伽師地論』に見られる訳語決定に有用な用例は、『縁起経』(*Pratītyasamutpādasūtra*、ただし、略称。ヴァスバンドゥが挙げる経題は、*Pratītyasamutpādādivibhaṅganirdeśasūtra*) で説かれる各用語に対する個別解説 (vibhaṅga) を前提としており、『瑜伽師地論』「有尋有伺等三地」の中において、『縁起経』の経句としての個別解説それぞれに対し、論書における固有の個別解説が加えられており、この個別解説をもって『瑜伽師地論』における定義的用例として見做し得る。この定義的用例は、次のような脈絡から抽出することができる。すなわち、

「〔十二支縁起の 12 の用語に対する〕個別解説とは如何なるものか。経に「かつてについての無知」云々と詳細に説かれている。その〔『縁起経』中の個別解説の〕中で、」

との冒頭文にはじまり、次の一文をもって締め括られる脈絡の一まとまりである。

「以上、これが『縁起の第一 (avidyā に始まる順観) の個別解説』の個別解説であると見るべきである。」(YBh 204.2–212.4)

本書では、こうした『縁起経』と『瑜伽師地論』との関係が明瞭となるような仕方で各用例を提示している。ただし、『縁起経』に関しては、現存するサンスクリット写本のリセンションの中にも、漢訳・チベット語訳の中にも、『瑜伽師地論』が直接基づいていると考えられる伝承が見出されないため、参考として、サンスクリットで現存する経典伝承の中で、公刊されており、利便性の高い既刊校訂本（VAIDYA［1961］）を取り上げ、漢訳およびチベット語訳の対応するロケーションを併記することにした。なお、サンスクリット写本を用いて、「有尋有伺等三地」の既刊校訂本における問題を解消している点は（1）の場合と同じである。『縁起経』自体のサンスクリット写本情報については、CHAKRAVARTI［1931–32］などを参照いただきたい。

本書の第二の特色として、以上のような2つの異なるテーマの許で、仏教用語の現代訳語を吟味検討するという作業過程を経た点が挙げられる。先行して着手していた十二支縁起の定義的用例と、研究班となってからの五位百法の定義的用例の調査を並行する過程では、重複するvijñāna、sparśa、vedanā、avidyā、jātiの5つの用例を五位百法の訳語決定に有用な用例として組み入れ、テーマを一本化するという可能性も検討したが、本書のような二部構成のかたちを採ることが望ましいとの結論に至った。それは主に次のような理由による。

まず、縁起説は仏教の基本教説であって、そうした教説において、五位百法に見られるvijñānaなどの5つの項目語も価値付けられている。縁起観察のような基本教説の視点から仏教用語の現代基準訳語を考えてみることも有用なことであろう。また本書の場合、十二支縁起の中の上記5つ以外は五位百法の体系から漏れるが、それらの用例についても既刊校訂本への訂正を行い、それに基づく和訳を試みた。この研究成果も含めることで、初期瑜伽行派の研究者だけでなく、重要な縁起説に関心を寄せる人々にも資する形になっていると考える。また他方、本書の構成に関して、五位百法の体系に集約してしまうと次のような問題も生じるように思われた。すなわち、一連の文脈の中で解説される十二支縁起の定義的用例を分節し、文脈を持たない五位百法の体系の中に一部項目語の用例だけを個々に組み込むことでは、テキスト固有の脈絡における用語解説に込められた、本来の意図を見えづらくしてしまうだけでなく、かえって、採録した定義的用例とそれに基づく訳語決定の根拠が読者にとって分かりにくいものとなってしまう危険性を孕んでいる。

さらに言うならば、全体に渡る分析が容易でない『瑜伽師地論』の中で、特定の仏教用語の意味を深く理解するためには、既に述べた同論書の研究状況に鑑み、信頼できるテキストとともに個々の文脈が分かるような和訳を提供することが現段階では優先されるべきであろう。重要な仏教用語が同論書内のどの箇所において、どういった脈絡の許に説かれているかを、信頼に足る研究基盤としての原典を公表しながら、一方で、思索をくり返す作業が重要な足掛かりとなるように思われる。このような地道な取り組みを積み重ねた先にこそ、『瑜伽師地論』における個々の仏教用語の、より深い理解が可能になるものと信じている。そして、将来的には、同論書の体系に基づき、全体を網羅した定義的用例集の作成が望まれるであろう。

ともあれ、こうした大きな目標を見据えつつ、研究班としての限られた活動期間において、瑜伽行派文献の定義的用例に基づき用語の現代訳語を検討するという中心課題のほか、長らく「五識身相応地」「意地」「有尋有伺等三地」の研究進展を阻んでいた問題の解消にも貢献したいという目的は、一応は果たし得たのでないかと考えている。とは言え、結果的に見れば、本書で直接扱うことができた調査対象としては、五位百法対応語の数という点からも、また、厖大な『瑜伽師地論』の中の範囲という点からも一部に限られていることは認めざるを得ない。引き続き、研究成果を積み重ねることに努めたいと思う。同時に、本書が叩き台になることを一つの契機として、この分野の研究がさらに発展することを願っている。

本書作成にあたっての基礎的な研究作業については、サンスクリット写本の翻刻、百法対応語の定義的用例集の各校訂テキストと試訳、「『瑜伽師地論』における法数と五位百法対照一覧表」の作成を高務祐輝が、十二支縁起項目語の定義的用例集のサンスクリット校訂テキストと試訳の作成を室寺義仁が、十二支縁起項目語の定義的用例集のチベット語訳校訂テキスト、本書付録の作成を岡田英作が担当した。この 3 名で定期的に研究会を設け、訳語や訳文の吟味検討を中心に議論を重ねた。

サンスクリット写本に関しては、幸いにも、ニーダーザクセン州立兼ゲッティンゲン大学図書館、並びに、Francesco Sferra 教授（ナポリ東洋大学）から使用の許可をいただき、また、加納和雄准教授（高野山大学）、中村法道氏（京都大学）、Alexander von Rospatt 教授（カリフォルニア大学バークレー校）には、写本利用にあたっての相談にのっていただくなど、多方面の研究者からのご協力を得た。また、非常勤講師を勤める京都大学での仏教学（特殊講義）の授業の中で原典講読対象テキストとして『瑜伽師地論』を取り上げた際には、同大学大学院に在籍中の、横山剛、林玄海、高橋慎太郎、木村整民、竹田龍永、中山慧輝の諸君からは貴重な意見が寄せられた。そして何よりも、本研究プロジェクト（科研番号 : 16H01901）に参画して研究成果をまとめる機会を与えていただけたことは、斎藤明教授のお陰である。ここに、皆様に心より感謝申し上げる次第である。

最後に、本書の出版を快く引き受けていただいた山喜房佛書林の浅地康平氏のご厚意に感謝したい。

2017.1.21
室寺 義仁

目次 / Contents

はじめに / Preface iii

目次 / Contents vii

凡例 / Explanatory Notes viii

『瑜伽師地論』における法数と五位百法対照一覧表
The Number of Elements (*dharma*) in the *Yogācārabhūmi* and Comparative List of One Hundred Elements xi

百法対応語の定義的用例集
Definitions of Terms Contained within the One Hundred Elements (*dharma*) 1

十二支縁起項目語の定義的用例集
Definitions of Terms of the Twelve Members of *pratītyasamutpāda* 125

付録 / Appendix

百法対応語ならびに十二支縁起項目語の訳例対応表
Table of Terms Contained within the One Hundred Elements (*dharma*) and Terms of the Twelve Members of *pratītyasamutpāda* with Multilingual Equivalents 170

略号一覧 / Abbreviations 173
文献一覧 / Bibliography
一次文献 / Primary Sources 174
二次文献 / Secondary Sources 175

索引 / Index
サンスクリット / Sanskrit 179
チベット語訳 / Tibetan Translation 181
漢訳（玄奘訳）/ Chinese Translation (Xuanzang's Translation) 183

凡例 / Explanatory Notes

テキストの扱いについて

1. サンスクリットテキストは次の既刊校訂本を底本とし、一部、AHN［2003］が再校訂を行っている箇所についてはこれを底本とした。

   The Yogācārabhūmi of Ācārya Asaṅga: The Sanskrit Text Compared with the Tibetan Version, part 1, ed. by Vidhushekhara Bhattacharya, Calcutta: The University of Calcutta, 1957.

   底本に問題が残る場合、写本によるなどして適宜訂正を加えているが、煩を避けるため写本の読みを逐一報告することはしない。訂正に使用した『瑜伽師地論』「本地分」の写本は、チベットのサキャ寺所蔵であったとされるもので、上記校訂本の範囲に関して唯一現存する写本である。SĀṄKṚTYĀYANA［1937: 24］によれば、サイズ22¼×1⅝インチ、総156葉の貝葉に書かれている。その写真フィルムは、1936年にRāhula Sāṅkṛtyāyana氏が撮影したものと、後にGiuseppe Tucci氏が撮影したものが残る。Sāṅkṛtyāyana氏による写真は、ドイツのニーダーザクセン州立兼ゲッティンゲン大学図書館において、その紙焼きが保管されており、Tucci氏による写真は、イタリア、ナポリ東洋大学のFrancesco Sferra教授のもとで、その電子画像データが保管されている。使用許可を得た両写真の電子画像データを利用した。

2. 漢訳テキストは大正新脩大蔵経を使用した。漢訳は、玄奘による全体訳『瑜伽師地論』のほか、真諦による部分訳『決定蔵論』（玄奘訳で「摂決択分」の一部に相当）が存在する。玄奘訳『瑜伽師地論』の用例のみ回収される箇所については、テキスト名を毎回挙げることはせず、『決定蔵論』の用例を併記する場合に限り、各テキスト名を挙げて両訳の区別を明らかにした。
3. チベット語訳テキストはデルゲ版を底本とし、北京版と校合したものを使用した。
4. テキストにおいて異読がある場合、テキスト中に注番号を付し、テキスト下に採用した読みと異読を順に示した。漢訳テキストの異読に関しては逐一取り上げないが、サンスクリットテキストに照らして問題があり、大正新脩大蔵経の脚注に参考となる異読が見られる場合に限り、これを注記した。注記において使用する各版本の略号は大正新脩大蔵経の凡例に従った。
5. 注番号は、右肩に付された一語または区切り記号または語間、あるいは右肩に付されるまでの範囲の複数の語に異読があることを示す。異読の範囲は、採用した読みをテキスト下に挙げることで示した。本文に採用した読みと異読は「：」で区切り、採用しない異読どうしは「，」で区切った。本文への挿入という形で異読が存在する場合、採用した読みと異読を順に示すのではなく、略号add. (added in)を使用して異読を直接示した。上記校訂本BHATTACHARYA［1957］、AHN［2003］、並びに、*Pratītya-samutpādādivibhaṅganirdeśasūtra*のサンスクリット校訂本VAIDYA［1961］では各校訂者による挿入を角

括弧 [ ] や山括弧 < > を用いて表記するが、それらを本書テキスト下の異読に表記する場合には、統一的に山括弧 < > を使用する。

6. 既刊校訂本のサンスクリットテキストが、写本または文脈に照らして明らかに誤りであると判断される場合、正しいと思われる読みを本文に採用した。
7. デルゲ版チベット語訳テキストが、文脈に照らして明らかに誤りであると判断され、北京版チベット語訳テキストの読みの方がより適切であると思われる場合、北京版の読みを本文に採用した。

本書の構成

1. 見出し語：サンスクリット原語
2. 訳例（基準訳語）：和訳
3. 漢訳
4. チベット語訳
5. Bauddhakośa：既刊バウッダコーシャシリーズにおいて対応する見出し語を掲載する頁
6. 用例：訳例を考案するために選定したテキスト
7. 欧文先行研究の訳例：用例に対する欧文訳（先行翻訳研究より抜粋引用）

1. 見出し語

   i. 見出し語の表記は *Yogācārabhūmi* の底本に従った。

   ii. 見出し語の配列順序は『大乗百法明門論』（大正新脩大蔵経 vol. 31, no. 1614）に従った。

   iii. 本文中では、見出し語およびその訳語に相当する語を**ゴシック体**あるいは**boldface**で示した。

2. 訳例（基準訳語）

   採録した用例の内容に適った和訳を選定し、**【訳例】**として示した。

3. 漢訳

   採録したサンスクリットテキストの漢訳文（玄奘訳と、一部、真諦訳）で用いられる訳語を示した。十二支縁起の項目語については、*Pratītyasamutpādādivibhaṅganirdeśasūtra* のサンスクリットテキストに対応する漢訳文（玄奘訳）で用いられる訳語を示した。訳語には丸括弧で翻訳者名を付した。

   ［例］【漢訳】眼識（玄奘）

4. チベット語訳

   採録したサンスクリットテキストのチベット語訳文で用いられる訳語を示した。十二支縁起の項目語については、*Pratītyasamutpādādivibhaṅganirdeśasūtra* のサンスクリットテキストに対応するチベット語訳文で用いられる訳語を示した。

5. Bauddhakośa

下記の既刊バウッダコーシャシリーズにおいて対応する見出し語を掲載する頁を示した。

七十五法　『『倶舎論』を中心とした五位七十五法の定義的用例集』、斎藤 ほか［2011］参照。

百法　『瑜伽行派の五位百法』、斎藤 ほか［2014］参照。

パーリ文献　『ブッダゴーサの著作に至るパーリ文献の五位七十五法対応語』、榎本 ほか［2014］参照。

［例］【Bauddhakośa】七十五法 1–4, 百法 184–186, パーリ文献 1–12

6. 用例

上記の訳語を考察するための基礎資料を、〔和訳〕〔原文〕〔漢訳〕〔チベット語訳〕の順に示した。原文が欠落している箇所の和訳は、原則としてチベット語訳に基づく。内容から判断して漢訳の理解を一部反映した箇所もあるが、特に重要と思われるような場合を除き、これについては逐一注記しない。

なお、十二支縁起項目語の定義的用例は、各項目語を *Pratītyasamutpādādivibhaṅganirdeśasūtra* の中で個別解説（vibhaṅga）する文言と、その文言に対してさらに『瑜伽師地論』「有尋有伺等三地」の中で個別解説する文言とから成る。いわば二重構造のようなその関係性が明らかになるよう、それぞれの文言の和訳では、次の意味で鉤括弧「　」と二重引用符“　”を使用した。

鉤括弧「**無知蒙昧**を条件とする諸々の形成力」など：*Pratītyasamutpādādivibhaṅganirdeśasūtra* の中で個別解説する文言において使用し、その場合、縁起の順観を説く同経の経句に言及していることを表す。言及される経句には十二支縁起項目語が含まれる。

二重引用符“かつてについての無知”など：『瑜伽師地論』「有尋有伺等三地」の中で個別解説する文言において使用し、その場合、同論が前提とする経の中で個別解説する文言に言及していることを表す。二重引用符に対応するサンスクリットテキストの文言は *Italic* で表記した。

7. 欧文先行研究の訳例

用例に対する欧文訳例として、AHN［2003］における独訳を採録した。

『瑜伽師地論』における法数と五位百法対照一覧表
The Number of Elements (*dharma*) in the *Yogācārabhūmi* and Comparative List of One Hundred Elements

瑜伽行派の五位百法と本書に採録した百法対応語との対照一覧表を提示するにあたり、まず、『瑜伽師地論』における全存在要素の数（法数）の問題について触れておきたい。瑜伽行派のアビダルマ基本論書である『阿毘達磨集論』や『五蘊論』では、諸存在要素に関する定義が体系的枠組みのもとにまとめて説かれ、論書が想定する全存在要素の数と項目内容を容易に把握することができる（斎藤 ほか［2014: iv］参照)。しかしいっぽうで、『瑜伽師地論』における定義的解説は、一箇所にまとめては説かれず、異なる箇所の異なる文脈において、単独に、もしくは主題が共通するグループごとに見出される。このように、想定されている全存在要素の数と項目内容が明白ではない同論に関して、それを考察する手がかりとなるのが「意地」に見られる以下の法界（思考対象としての存在要素区分）の解説（ManoBh 68.12–69.6）である。

> 法界は、まとめると、概念設定としての諸存在要素を伴う87の諸存在要素である。では、それらは何か。「作意」に始まり「尋」「伺」に終わる53の心作用（1–53)、法処に包摂される（法処所摂の）「律儀不律儀所摂色」「三摩地所行色」（54, 55)、「得」「無想定」「滅尽定」「無想異熟」「命根」「衆同分」「異生性」「生」「老」「住」「無常」「名身」「句身」「文身」「流転」「定異」「相応」「勢速」「次第」「時」「方」「数」「和合」「不和合」（56–79)、8つの無為である事実的存在としての「虚空」「非択滅」「択滅」「善と不善と無記なる法の真如（83–85)」「不動」「想受滅」（80–87）である。〔ただし〕そうしたこれら8つ〔の無為〕は〔真如をまとめると内容的に〕等しい6つとなり、6つ〔の無為〕は〔真如を開くと内容的に〕等しい8つとなる。

この87の諸存在要素に五根（5つの感官)、五境（5つの感覚対象)、八識（8つの認識）を加えると総数は105となり、『百法明門論』所説の五位百法よりも5つ多いことになる。この差は上記の法界解説における「律儀不律儀所摂色」「三摩地所行色」が、五位百法では「法処所摂色」にまとめられていること、また「善法真如」「不善法真如」「無記法真如」が五位百法では「真如」にまとめられていること、そして53の心作用（心所）が五位百法では51とされていることによる。「法処所摂色」と「真如」の問題に関しては、上に見られるように項目自体の違いというよりも数え方の違いと理解すべきであろう。

これに対し、心作用の数と項目内容に関しては大きな問題が残る。まず、同じ「意地」(ManoBh 11.14–21）では意識の同伴者として以下の51心作用を列挙する。

> 同伴者とは何か。すなわち、「作意」「触」「受」「想」「思」（1–5)、「欲」「勝解」「念」「三摩地」「慧」（6–10)、「信」「慚」「愧」「無貪」「無瞋」「無癡」「精進」「軽安」「不放逸」「捨」「不害」（11–21)、「貪」「恚」「無明」「慢」「見」「疑」（22–27)、「忿」「恨」「覆」「悩」「嫉」「慳」「誑」「諂」「憍」「害」「無慚」「無愧」「惛沈」「掉挙」「不信」「懈怠」「放逸」「忘念」「散乱」「不正知」（28–47)、「悪作」「睡眠」「尋」「伺」（48–51)、以上、このような類の、〔意識と〕同時に存在し相応する諸々の心作用である存在要素が同伴者と呼ばれ、…。

この 51 心作用は、数、項目内容ともに五位百法のそれとよく一致するが、前出の法界解説で 53 としていたこととは相違する。加えて、いまの項目列挙を念頭に置いた次のような言及も「意地」（ManoBh 57.8–9）に見られる。

さて、心と心作用の束においては、心が把握され、また 53 の心作用が把握される。すなわち、「作意」に始まり「尋」「伺」に終わる諸々が詳しく示された通りである。

以上は梵本における「意地」の三教説であるが、対応する漢訳、チベット語訳を踏まえると状況はさらに複雑である。法界解説（T 293c4–13, D 35b3–36a1, P 40a8–b7）における漢訳とチベット語訳は心作用を 53 としているが、具体的項目列挙（T 280b13–19, D 5b7–6a3, P 6b5–7a2）では、漢訳が「邪欲」「邪勝解」を「忘念」の前に加えて 53 心作用を列挙するいっぽう、チベット語訳は梵本と同内容の 51 心作用を挙げる。この列挙を念頭に置いた言及（T 291a1–3, D 28b6, P 32a3–4）では、漢訳が 53、チベット語訳が 51 としている。これらを、実際に教説が説かれる順にまとめ直すと次のようになる。

	心作用の項目列挙	列挙への言及	法界解説
梵本	51	53	53
漢訳	53（「邪欲」「邪勝解」含む）	53	53
チベット語訳	51	51	53

同一章の教説にかかる相違が見られる点には注意が必要であろう。こうした状況が生まれる一つの可能性として、心作用の項目列挙とその数の言明（列挙への言及、法界解説）に本来齟齬があり、漢訳では、玄奘が「邪欲」「邪勝解」を列挙に加えることで一致させて訳出したことが考えられる（Ahn［2003: 228 (fn. 244)］参照）。或いは、数の言明が列挙を念頭に置く以上、それらは本来一致していた可能性が高いとするならば、51 もしくは 53 で一貫していた 3 箇所が上表のように変化したとも考えられる。この場合、51 ではなく 53 であった可能性の方が高いであろう。もしそうでなければ、51 で一致していた梵本の三教説に関して、なぜか列挙内容は変わらないまま、数の言明のみ 53 に変更されたことになるからである。しかし、そのような変更は必然性に欠けるもので、起こりにくいと思われる。

仮に心作用が本来 53 で一貫していたとすれば、その項目内容は「邪欲」「邪勝解」を含む漢訳の通りであった可能性が高い。「摂決択分」の「有尋有伺等三地決択」（T 622b23–29, D źi 111a7–112a1, P zi 116a8–117a1）では、漢訳「邪欲」「邪勝解」がチベット語訳 log par 'dun pa、log par mos pa と一致し、相当する原語 *mithyācchanda、*mithyādhimokṣa が使用された跡が認められる。同箇所と離れてはいるが、「本地分」の「意地」でもそれらが使用されていた可能性は十分に考えられよう。その二つが失われて列挙が 51 になることについては、実は、『瑜伽師地論』「摂決択分」の「五識身相応地意地決択」や、同論成立後の『阿毘達磨集論』、『五蘊論』における当該文脈において「邪欲」「邪勝解」が見られなくなることと軌を一にしている。先行研究ではこの点を踏まえ、それらの成立過程もしくは成立後の確定説が「意地」における項目列挙の伝承に何らかの影響を及ぼしたのであろうと推測する。本来項目列挙に含まれていた「邪欲」「邪勝解」が、やがて独立した心作用とは見なされず、「欲」「勝解」に収められ失われたと理解するのである（水野［1964: 318–323］、末木［1981］）。ただし、「邪勝解」「忘念」「散乱」「不正知」等が「勝解」「念」「定」「慧」等に収められていく説一切有部の伝統に対し、瑜伽行派では、確定説においても「忘念」「散乱」「不正知」の三つは独立したままである。その意味で、なぜ「邪欲」「邪勝解」だけが失われたのかという問題が残るのだが、残念ながらその決定的理由は明らかでない。敢えて一つの可能性に触れておくとすれば、muṣitasmṛtitā（忘念）、vikṣepa（散乱）、asaṃprajanya（不正知）、*mithyācchanda（邪欲）、*mithyādhimokṣa（邪勝解）の中、前の三つは名称として smṛti、samādhi、prajñā とは一応別立てし得るのに対し、後の二つ、*mithyācchanda と*mithyādhimokṣa は、その名称からして chanda と adhimokṣa に収められ易いように見受けられる。このような差も、上記の結果につながる理由の一つに挙げられるかも知れない。

現存の「意地」梵本と諸訳についてごく簡単に整理すると凡そ以上の通りだが、後代インド瑜伽行派における教理伝承にも目を向けるならば、インド撰述とされる注釈書『瑜伽師地解説』（**Yogācārabhūmivyākhyā*; D (4043), P [111] (5544)）が注目に値する。同注釈では「意地」の心作用列挙箇所について言及し、随煩悩「忿」以降の心作用一つひとつに対して定義的特徴を説く。そこでは「邪欲」「邪勝解」に対する文言のみ欠落し（D 'i 86a4–b4, P yi 104b6–105a8）、続く注釈でも、「忿」から「伺」までを 24 と数え、さらにその数と関連づけた教理解釈まで展開している（D 'i 87a4–5, P yi 106a2–4）。このように「意地」における心作用の数をめぐっては、単に梵本やチベット語訳伝承の問題に止まらず、後代インド瑜伽行派における教理伝承の上でも、「邪欲」「邪勝解」を含めない「意地」理解が伝わっていたことが知られる。

以上、「意地」の法界解説を根拠に想定される全存在要素の数は 105 と考えられるが、心作用の数に関しては問題が残る。この問題については、教説に本来齟齬があった、或いは、「邪欲」「邪勝解」を含む 53 心作用の立場で一貫していたと理解するのが妥当であろう。後者の場合、「意地」が一度成立した後に失われる心作用の二つが本当は何で、またどういう順序で列挙されていたのかを特定する根拠は結局のところ玄奘訳に拠るほかない。その点には注意を要する。

（高務 祐輝）

五位百法対照一覧表

『大乗百法明門論』所説の五位百法と、『瑜伽師地論』において想定される存在要素（五根、五境、八識、そして上記の法界解説における八十七存在要素）との対応について、定義的用例に関する本書採録の有無と併せ、以下、一覧表にまとめる。凡例は次の通り。

1. 丸括弧は次の意味で使用する。
   - 数字 (1–87) が入る場合：「意地」の法界解説、ならびに心作用の項目列挙箇所で列挙される各存在要素の順序を表す。
   - サンスクリット (ahiṃsā etc.) が入る場合：『瑜伽師地論』において見られる原語が『百法明門論』において想定される原語とは異なることを表す。

2. 右矢印と共に下記 I〜V における略号（PañcaBh etc.）を示す場合、次のことを意味する。
・その用語の定義的用例を本書に採録しており、またその用例は、略号の指す箇所（章）から回収している。略号が表す章名と、用語が定義されている文脈は次の通り。

I. PañcaBh: *Pañcavijñānakāyasaṃprayuktā bhūmiḥ*（「本地分」中の「五識身相応地」）
5 つの感覚的認識のそれぞれに関する 5 つの有り様（svabhāva、āśraya、ālambana、sahāya karman）の中で、svabhāva（それ自体）としての「眼識」「耳識」「鼻識」「舌識」「身識」、āśraya（拠り所）としての「眼」「耳」「鼻」「舌」「身」、ālambana（認識対象）としての「色」「声」「香」「味」「触」

II. ManoBh: *Manobhūmi*（「本地分」中の「意地」）
i. 意識に関する 5 つの有り様を「五識身相応地」と同様に解説する中で、svabhāva（それ自体）としての「心」（≈アーラヤ識）、「意」（≈無間滅意、染汚意）、「識」（≈意識）
ii. 主要な心作用としての「作意」「触」「受」「想」「思」「欲」「勝解」「念」「三摩地」「慧」
iii. 有為（形成された存在要素）が有する 4 つの特徴としての「生」「老」「住」「無常」

III. SavitBh: *Savitarkasavicārādibhūmi*（「本地分」中の「有尋有伺等三地」）
i. 章の主題としての「尋」「伺」
ii. 煩悩の汚れとしての「貪」「恚」「無明」「慢」「疑」（総称としての「不正見」は不採録）

IV. PañcamanoBh-Vin: *Pañcavijñānakāyasaṃprayuktamanobhūmiviniścaya*
（「摂決択分」中の「五識身相応地意地決択」）
i. 主要な心作用としての「作意」「触」「受」「想」「思」「欲」「勝解」「念」「三摩地」「慧」
ii. 「得」から「不和合」までの 24 心不相応行（心に相応しない形成作用）
ii. 無為（形成されていない存在要素）としての「虚空」「非択滅」

V. SavitBh-Vin: *Savitarkasavicārādibhūmiviniścaya*（「摂決択分」中の「有尋有伺等三地決択」）
煩悩の汚れとしての「貪」「恚」「無明」「慢」「疑」「尋」「伺」（総称としての「不正見」は不採録）

『大乗百法明門論』の五位百法			『瑜伽師地論』
citta 心	1	cakṣurvijñāna	→ PañcaBh
	2	śrotravijñāna	→ PañcaBh
	3	ghrāṇavijñāna	→ PañcaBh
	4	jihvāvijñāna	→ PañcaBh
	5	kāyavijñāna	→ PañcaBh
	6	manovijñāna	(vijñāna※) → ManoBh
	7	manas	(manas) → ManoBh
	8	ālayavijñāna	(citta) → ManoBh

caitasika 心所有/心所	sarvatraga 遍行	9	manaskāra	(1) → ManoBh, PañcamanoBh-Vin
		10	sparśa	(2) → ManoBh, PañcamanoBh-Vin
		11	vedanā	(3) → ManoBh, PañcamanoBh-Vin
		12	saṃjñā	(4) → ManoBh, PañcamanoBh-Vin
		13	cetanā	(5) → ManoBh, PañcamanoBh-Vin
	pratiniyata-viṣaya 別境	14	chanda	(6) → ManoBh, PañcamanoBh-Vin
		15	adhimokṣa	(7) → ManoBh, PañcamanoBh-Vin
		16	smṛti	(8) → ManoBh, PañcamanoBh-Vin
		17	samādhi	(9) → ManoBh, PañcamanoBh-Vin
		18	prajñā	(10) → ManoBh, PañcamanoBh-Vin
	kuśala 善	19	śraddhā	(11)
		20	vīrya	(17)
		21	hrī	(12)
		22	apatrāpya	(13)
		23	alobha	(14)
		24	adveṣa	(15)
		25	amoha	(16)
		26	praśrabdhi	(18)
		27	apramāda	(19)
		28	upekṣā	(20)
		29	avihiṃsā	(21) (ahiṃsā)
	kleśa 煩悩	30	rāga	(22) → SavitBh, SavitBh-Vin
		31	pratigha	(23) → SavitBh, SavitBh-Vin
		32	māna	(25) → SavitBh, SavitBh-Vin
		33	avidyā	(24) → SavitBh, SavitBh-Vin
		34	vicikitsā	(27) → SavitBh, SavitBh-Vin
		35	dṛṣṭi	(26)
	upakleśa 随煩悩	36	krodha	(28)
		37	upanāha	(29)
		38	pradāśa	(31)
		39	mrakṣa	(30)
		40	māyā	(34)
		41	śāṭhya	(35)
		42	mada	(36)
		43	vihiṃsā	(37)

caitasika 心所有/心所	upakleśa 随煩悩	44	īrṣyā	(32)
		45	mātsarya	(33)
		46	āhrīkya	(38)
		47	anapatrāpya	(39)
		48	āśraddhya	(42)
		49	kauśīdya	(43)
		50	pramāda	(44)
		—	—	(45) *mithyācchanda, log par 'dun pa, 邪欲
		—	—	(46) *mithyādhimokṣa, log par mos pa, 邪勝解
		51	styāna	(40)
		52	auddhatya	(41)
		53	muṣitasmṛtitā	(47)
		54	asaṃprajanya	(49)
		55	vikṣepa	(48)
	aniyata 不定	56	middha	(51)
		57	kaukṛtya	(50)
		58	vitarka	(52) → SavitBh, SavitBh-Vin
		59	vicāra	(53) → SavitBh, SavitBh-Vin
rūpa 色		60	cakṣus	→ PañcaBh
		61	śrotra	→ PañcaBh
		62	ghrāṇa	→ PañcaBh
		63	jihvā	→ PañcaBh
		64	kāya	→ PañcaBh
		65	rūpa	→ PañcaBh
		66	śabda	→ PañcaBh
		67	gandha	→ PañcaBh
		68	rasa	→ PañcaBh
		69	spraṣṭavya	→ PañcaBh
		70	dharmāyatana-paryāpannarūpa	(54) (saṃvarāsaṃvarasaṃgṛhīta-rūpa)
				(55) (samādhigocara-rūpa)
cittaviprayukta-saṃskāra 心不相応行		71	prāpti	(56) → PañcamanoBh-Vin
		72	jīvitendriya	(60) → PañcamanoBh-Vin
		73	nikāyasabhāga	(61) → PañcamanoBh-Vin
		74	pṛthagjanatva	(62) → PañcamanoBh-Vin

cittaviprayukta-saṃskāra 心不相応行	75	asaṃjñisamāpatti	(57) → PañcamanoBh-Vin
	76	nirodhasamāpatti	(58) → PañcamanoBh-Vin
	77	āsaṃjñika	(59) → PañcamanoBh-Vin
	78	nāmakāya	(67) → PañcamanoBh-Vin
	79	padakāya	(68) → PañcamanoBh-Vin
	80	vyañjanakāya	(69) → PañcamanoBh-Vin
	81	jāti	(63) → ManoBh, PañcamanoBh-Vin
	82	jarā	(64) → ManoBh, PañcamanoBh-Vin
	83	sthiti	(65) → ManoBh, PañcamanoBh-Vin
	84	anityatā	(66) → ManoBh, PañcamanoBh-Vin
	85	pravṛtti	(70) → PañcamanoBh-Vin
	86	pratiniyama	(71) → PañcamanoBh-Vin
	87	yoga	(72) → PañcamanoBh-Vin
	88	java	(73) → PañcamanoBh-Vin
	89	anukrama	(74) → PañcamanoBh-Vin
	90	deśa	(76) → PañcamanoBh-Vin
	91	kāla	(75) → PañcamanoBh-Vin
	92	saṃkhyā	(77) → PañcamanoBh-Vin
	93	sāmagrī	(78) → PañcamanoBh-Vin
	94	asāmagrī	(79) → PañcamanoBh-Vin
asaṃskṛta 無為	95	ākāśa	(80) → PañcamanoBh-Vin
	96	pratisaṃkhyānirodha	(82)
	97	apratisaṃkhyānirodha	(81) → PañcamanoBh-Vin
	98	āniñjya	(86)
	99	saṃjñāvedayitanirodha	(87)
	100	tathatā	(83) (kuśaladharma-tathatā)
			(84) (akuśaladharma-tathatā)
			(85) (avyākṛtadharma-tathatā)
			採録語数 61

※対照一覧表中の 6. manovijñāna と対応する vijñāna について

定義的用例の文言としては、あくまで vijñāna（識）を定義するものであるが、その文言が現れる文脈は「意地」（*Manobhūmi*）の svabhāva としての vijñāna という用語を定義している。このような文脈的構造を考慮して、本書では、五位百法の manovijñāna（意識）に対応する項目語として採録した。

百法対応語の定義的用例集

Definitions of Terms Contained within the One Hundred Elements (*dharma*)

cakṣurvijñāna

【訳例】眼に拠る認識，視覚
【漢訳】眼識（玄奘）
【チベット語訳】mig gi rnam par śes pa
【Bauddhakośa】百法 2–3

Pañcavijñānakāyasaṃprayuktā bhūmiḥ

【定義的用例】

〔和訳〕

眼に拠る認識とは如何なるものか。眼を拠り所とし、いろかたちを認識させることである。

〔原文〕

cakṣurvijñānaṃ katamat. yā cakṣur-āśrayā rūpa-prativijñaptiḥ.

（YBh 4.5, Ms 1b3–4）

〔漢訳〕

云何**眼識**自性。謂依眼了別色。

（T 279a22–23）

〔チベット語訳〕

mig gi rnam par śes pa gaṅ źe na / gaṅ mig la brten nas gzugs so sor rnam par rig pa'o //

（D 2a4, P 2b4–5）

śrotravijñāna

【訳例】耳に拠る認識，聴覚

【漢訳】耳識（玄奘）

【チベット語訳】rna ba'i rnam par śes pa

【Bauddhakośa】百法 4–5

Pañcavijñānakāyasaṃprayuktā bhūmiḥ

【定義的用例】

〔和訳〕

耳に拠る認識とは如何なるものか。耳を拠り所とし、音声を認識させることである。

〔原文〕

śrotravijñānaṃ katamat. yā śrotrâśrayā śabda-prativijñaptiḥ.

（YBh 6.4, Ms 2a5）

〔漢訳〕

云何**耳識**自性。謂依耳了別聲。

（T 279b28）

〔チベット語訳〕

rna ba'i rnam par śes pa gaṅ źe na / gaṅ rna ba la brten nas sgra so sor rnam par rig pa'o //

（D 3b1, P 3b8–4a1）

ghrāṇavijñāna

【訳例】鼻に拠る認識，嗅覚
【漢訳】鼻識（玄奘）
【チベット語訳】sna'i rnam par śes pa
【Bauddhakośa】百法 6–7

Pañcavijñānakāyasaṃprayuktā bhūmiḥ

【定義的用例】

〔和訳〕

鼻に拠る認識とは如何なるものか。鼻を拠り所とし、においを認識させることである。

〔原文〕

ghrāṇavijñānaṃ katamat. yā ghrāṇâśrayā gandha-prativijñaptiḥ.

（YBh 7.5, Ms 2b2）

〔漢訳〕

云何**鼻識**自性。謂依鼻了別香。

（T 279c15）

〔チベット語訳〕

sna'i rnam par śes pa gaṅ źe na / gaṅ sna la brten nas dri so sor rnam par rig[1] pa'o //

[1] *rig* P : *reg* D

（D 4a1, P 4b2–3）

jihvāvijñāna

【訳例】舌に拠る認識，味覚
【漢訳】舌識（玄奘）
【チベット語訳】lce'i rnam par śes pa
【Bauddhakośa】百法 8–9

Pañcavijñānakāyasaṃprayuktā bhūmiḥ

【定義的用例】

〔和訳〕

舌に拠る認識とは如何なるものか。舌を拠り所とし、味を認識させることである。

〔原文〕

jihvāvijñānaṃ katamat. yā jihvâśrayā rasa-prativijñaptiḥ.

（YBh 7.21, Ms 2b4–5）

〔漢訳〕

云何**舌識**自性。謂依舌了別味。

（T 279c25）

〔チベット語訳〕

lce'i rnam par śes pa gaṅ źe na / gaṅ lce la brten nas [1] so sor rnam par rig pa'o //

[1] sic! (*ro* om. Tib.)

（D 4a6, P 4b8–5a1）

kāyavijñāna

【訳例】身体に拠る認識，触覚
【漢訳】身識（玄奘）
【チベット語訳】lus kyi rnam par śes pa
【Bauddhakośa】百法 10–11

Pañcavijñānakāyasaṃprayuktā bhūmiḥ

【定義的用例】

〔和訳〕

身体に拠る認識とは如何なるものか。身体を拠り所とし、触覚対象を認識させることである。

〔原文〕

kāyavijñānaṃ katamat. yā kāyâśrayā spraṣṭavya-prativijñaptiḥ.

（YBh 8.13, Ms 3a1）

〔漢訳〕

云何**身識**自性。謂依身了別觸。

（T 280a6）

〔チベット語訳〕

lus kyi rnam par śes pa gaṅ że na / gaṅ lus la brten nas reg bya so sor rnam par rig pa'o //

（D 4b3–4, P 5a6–7）

vijñāna

【訳例】認識
【漢訳】識（玄奘）
【チベット語訳】rnam par śes pa
【Bauddhakośa】七十五法 47–50, パーリ文献 55–60; cf. 百法 12–13

Manobhūmi

【定義的用例】

〔和訳〕

「意地」とは如何なるものか。それもまた、他ならぬ 5 つの有り様によって見るべきであって、〔すなわち〕それ自体という点からと、拠り所という点からと、認識対象という点からと、同伴者という点からと、機能という点からとである。
それ自体とは如何なるものか。心、思考、**認識**である。…**認識**とは如何なるものか。認識対象を認識させる際に現前するものである。

〔原文〕

mano-bhūmiḥ katamā. sâpi pañcabhir evâkārair[1] draṣṭavyā, svabhāvata āśrayata ālambanataḥ sahāyataḥ karmataś ca.
svabhāvaḥ katamaḥ. yac cittaṃ mano **vijñānam**. ... **vijñānaṃ** katamat. yad ālambana-vijñaptau pratyupasthitam.

[1] *evākārair* Ms : *ākārair*YBh (YBh 11.1–8, Ms 3b2–3)

〔漢訳〕

云何意地。此亦五相應知。謂自性故、彼所依故、彼所縁故、彼助伴故、彼作業故。
云何意自性。謂心意**識**。…**識**謂現前了別所縁境界。

（T 280b4–9）

〔チベット語訳〕

yid kyi sa gaṅ źe na / de yaṅ rnam pa lṅa kho nar blta bar bya ste / ṅo bo ñid daṅ / gnas daṅ / dmigs pa daṅ / grogs daṅ /[1] las so //
de la ṅo bo ñid gaṅ źe na / sems daṅ yid daṅ **rnam par śes pa** gaṅ yin pa'o // ... **rnam par śes pa** gaṅ źe na / dmigs pa rnam par rig par byed pas ñe bar gnas pa gaṅ yin pa'o //

[1] / D : om. P

（D 5b2–5, P 6a7–b3）

manas

【訳例】思考
【漢訳】意（玄奘）
【チベット語訳】yid
【Bauddhakośa】七十五法 42–46, 百法 14–18, パーリ文献 51–54

Manobhūmi

【定義的用例】

〔和訳〕

「意地」とは如何なるものか。それもまた、他ならぬ 5 つの有り様によって見るべきであって、〔すなわち〕それ自体という点からと、拠り所という点からと、認識対象という点からと、同伴者という点からと、機能という点からとである。

それ自体とは如何なるものか。心、**思考**、認識である。…**思考**とは如何なるものか。認識の集まりの6つともにとって直前に滅したもの〔としての思考〕、並びに、汚れた**思考**、すなわち、無知蒙昧、自我についての見解、「私はいる」という慢心、渇愛を特徴とする4つの煩悩と常に相応するもの〔としての思考〕である。

〔原文〕

mano-bhūmiḥ katamā. sâpi pañcabhir evâkārair[1] draṣṭavyā, svabhāvata āśrayata ālambanataḥ sahāyataḥ karmataś ca.

svabhāvaḥ katamaḥ. yac cittaṃ **mano** vijñānam. ... **manaḥ** katamat. yat ṣaṇṇām api vijñānakāyānām anantara-niruddham, kliṣṭaṃ ca **mano** yan nityam avidyâtmadr̥ṣṭy-asmimāna-tr̥ṣṇā-lakṣaṇaiś caturbhiḥ kleśaiḥ saṃprayuktam.

[1] *evākārair* Ms : *ākārair* YBh.

（YBh 11.1–7, Ms 3b2–3）

〔漢訳〕

云何意地。此亦五相應知。謂自性故、彼所依故、彼所縁故、彼助伴故、彼作業故。

云何意自性。謂心**意**識。…**意**謂恒行**意**及六識身無間滅**意**。

（T 280b4–9）

〔チベット語訳〕

yid kyi sa gaṅ źe na / de yaṅ rnam pa lṅa kho nar blta bar bya ste / ṅo bo ñid daṅ / gnas daṅ / dmigs pa daṅ / grogs daṅ /[1] las so //

de la ṅo bo ñid gaṅ źe na / sems daṅ **yid** daṅ rnam par śes pa gaṅ yin pa'o // ... **yid** gaṅ źe na / rnam par śes pa'i tshogs drug po dag 'gags ma thag pa gaṅ yin pa daṅ / ñon moṅs pa can gyi **yid** ma rig pa daṅ / bdag tu lta[2] ba daṅ / ṅa'o sñam pa'i ṅa rgyal daṅ / sred pa'i mtshan ñid kyi ñon moṅs pa rnam pa bźi daṅ rtag tu ldan pa gaṅ[3] yin pa'o //

[1] / D : om. P [2] *lta* D : *blta* P [3] *gaṅ* D : *yaṅ* P

(D 5b2–5, P 6a7–b3)

citta

【訳例】心
【漢訳】心（玄奘）
【チベット語訳】sems
【Bauddhakośa】七十五法 39–41，パーリ文献 48–50; cf. 百法 19–23

Manobhūmi

【定義的用例】

〔和訳〕

「意地」とは如何なるものか。それもまた、他ならぬ 5 つの有り様によって見るべきであって、〔すなわち〕それ自体という点からと、拠り所という点からと、認識対象という点からと、同伴者という点からと、機能という点からとである。

それ自体とは如何なるものか。**心**、思考、認識である。**心**とは如何なるものか。すべての種子をそなえ、拠り所性（身体性）をそなえ、拠り所性に入り込み、〔拠り所性を〕取るものであり、異熟によって包摂されたアーラヤ識である。

〔原文〕

mano-bhūmiḥ katamā. sâpi pañcabhir evâkārair[1] draṣṭavyā, svabhāvata āśrayata ālambanataḥ sahāyataḥ karmataś ca.

svabhāvaḥ katamaḥ. yac **cittaṃ** mano vijñānam. **cittaṃ** katamat. yat sarvabījôpagatam āśrayabhāvôpagatam āśrayabhāva-saṃniviṣṭam[2] upādātṛ vipāka-saṃgṛhītam ālaya-vijñānam.

[1] *evākārair* Ms : *ākārair* YBh　[2] °*saṃniviṣṭam* em. (cf. SCHMITHAUSEN［1987: 117, 422 (n. 805)］) : °*niṣṭham* YBh, °*sanniṣṭam* Ms

（YBh 11.1–5, Ms 3b2–3）

〔漢訳〕

云何意地。此亦五相應知。謂自性故、彼所依故、彼所縁故、彼助伴故、彼作業故。

云何意自性。謂**心**意識。**心**謂一切種子所隨、依止性所隨、依附依止[1]性、體能執受、異熟所攝阿頼耶識。

[1]「依附依止」に関して、大正新脩大蔵経では割注として表記するが、〔原文〕の āśraya-bhāvasaṃniviṣṭa との対応を踏まえ、㊂㊄の異読に従って本文と見なす。

（T 280b4–8）

〔チベット語訳〕

yid kyi sa gaṅ źe na / de yaṅ rnam pa lṅa kho nar blta bar bya ste / ṅo bo ñid daṅ / gnas daṅ / dmigs pa daṅ / grogs daṅ /[1] las so //

de la ṅo bo ñid gaṅ źe na / **sems** daṅ yid daṅ rnam par śes pa gaṅ yin pa'o // **sems** gaṅ źe na / sa bon thams cad daṅ ldan pa daṅ / gnas kyi dṅos por gyur pa daṅ / gnas kyi dṅos por gnas pa daṅ / len par byed pa rnam par smin par bsdus pa kun gźi rnam par śes pa gaṅ yin pa'o //

[1] / D : om. P

(D 5b2–4, P 6a7–b1)

manaskāra

【訳例】注意，傾注
【漢訳】作意（玄奘）
【チベット語訳】yid la byed pa
【Bauddhakośa】七十五法 65–66, 百法 24–26, パーリ文献 98–102

Manobhūmi

【定義的用例】

〔和訳〕

さて、認識によって事物の特徴全体を認識させる。まさにそ〔の事物の特徴全体〕が未だ認識させられていなければ、〔これから〕認識されるべき特徴と言われ、それを**注意**によって認識させるのである。…従って、**注意**に始まり意思に終わるこれらの諸々の心作用は、〔善と不善とそのどちらでもない〕すべて〔の心〕に、すべての段階に属する〔心〕に、常に、〔5つとも〕すべてが生じる。
注意とは如何なるものか。心力を〔未だ認識させられていない事物に〕向けることである。…それら（注意に始まり知に終わる10の心作用）の中で、**注意**は何をはたらきとするのか。心を〔未だ認識させられていない事物に〕引きつけることをはたらきとする。

〔原文〕

tatra sakalaṃ vastu-lakṣaṇaṃ vijñānena vijñāpayati. tad evâvijñaptaṃ vijñeya-lakṣaṇam ity ucyate, yan **manaskāreṇa** vijñāpayati. ... tasmād ete **manaskārâ**dayaś cetanā-paryavasānāś caitasāḥ sarvatra sarvabhūmike sarvadā sarve côtpadyante.
manaskāraḥ katamaḥ. cetasa ābhogaḥ. ... tatra **manaskāraḥ** kiṃ-karmakaḥ. cittâvarjana-karmakaḥ.

（YBh 59.16–60.10, Ms 17b2–5）

〔漢訳〕

又識能了別事之總相。即此所未了別、所了境相。能了別者、說名**作意**。…是故說彼**作意**等思爲後邊、名心所有法遍一切處、一切地、一切時、一切生。
作意云何。謂心迴轉。…又**作意**作何業。謂引心爲業。

（T 291b21–c8）

〔チベット語訳〕

de la rnam par śes pas ni dṅos po mtha' dag gi mtshan ñid rnam par śes par byed do // de ñid rnam par rig par ma gyur pa ni / rnam par śes par bya ba'i mtshan ñid ces bya ste / de ni **yid la byed pas** rnam par śes par byed do // ... de lta bas na sems las byuṅ ba **yid la byed pa** la sogs pa nas / sems pa la thug pa de dag ni sa thams cad pa / thams cad la dus thams cad du thams cad 'byuṅ bar 'gyur ro //

yid la byed pa gaṅ źe na / sems kyi 'jug pa'o // ... de la **yid la byed pa** las ci byed ce na / sems gtod pa'i las byed do //

(D 30a4–b4, P 33b5–34a7)

Pañcavijñānakāyasaṃprayuktamanobhūmiviniścaya

【定義的用例】

〔和訳〕（チベット語訳より）

認識が生じるとき、遍くはたらく心作用としての存在要素はいくつ生じるのか。答える。5 つであり、**注意**、接触、感受、表象、意思である。

…**注意**とは如何なるものか。心力を向けることである。…それら（注意に始まり知に終わる 10 の心作用）の中で、**注意**は何をはたらきとするのか。答える。認識対象に心を引きつけることをはたらきとする。

（サンスクリット原典なし）

〔漢訳〕

問。諸識生時、與幾遍行心法倶起。答。五。一**作意**、二觸、三受、四想、五思。

…**作意**云何。謂能引發心法。…復次、**作意**爲何業。謂於所縁引心爲業。

（T 601c10–28）

〔チベット語訳〕

rnam par śes pa 'byuṅ ba na sems las byuṅ ba'i chos kun tu 'gro ba du 'byuṅ źe na / smras pa /[1] lṅa ste [2] **yid la byed pa** daṅ / reg[3] pa daṅ / tshor ba daṅ / 'du śes daṅ / sems pa'o //

… **yid la byed pa** gaṅ źe na / sems kyi rtsol ba gaṅ yin pa'o // … de la **yid la byed pa** las gaṅ daṅ ldan źe na / smras pa / dmigs pa la sems gtod pa'i las can yin no //

[1] / D : om. P　[2] / add. P　[3] *reg* D : *rig* P

（D źi 58b5–59a5, P zi 61b7–62a7）

sparśa

【訳例】接触
【漢訳】觸（玄奘）
【チベット語訳】reg pa
【Bauddhakośa】七十五法 59–60, 百法 27–29, パーリ文献 78–81

Manobhūmi

【定義的用例】

〔和訳〕

さて、認識によって事物の特徴全体を認識させる。…その同じ〔事物の特徴全体の〕中で、浄らかさや不浄さや〔その〕どちらでもないという特徴を**接触**によって理解するのである。…従って、これら注意に始まり意思に終わる諸々の心作用は、〔善と不善とそのどちらでもない〕すべて〔の心〕に、すべての段階に属する〔心〕に、常に、〔5 つの心作用〕すべてが生じる。

…**接触**とは如何なるものか。〔感覚能力ないし思考能力と、対象と、認識という〕三者の和合である。…**接触**は何をはたらきとするのか。感受と表象と意思に拠り所を与えることをはたらきとする。

〔原文〕

tatra sakalaṃ vastu-lakṣaṇaṃ vijñānena vijñāpayati. ... tatrâiva śubhâśubhôbhayaviparīta-lakṣaṇam, yat [1] **sparśena** pratipadyate. ... tasmād ete manaskārâdayaś cetanā-paryavasānāś caitasāḥ sarvatra sarvabhūmike sarvadā sarve côtpadyante.

... **sparśaḥ** katamaḥ. trika-saṃnipātaḥ. ... **sparśaḥ** kiṃ-karmakaḥ. vedanā-saṃjñā-cetanānāṃ saṃniśraya-dāna-karmakaḥ.

[1] <*tat*> add. YBh

（YBh 59.16–60.11, Ms 17b2–6）

〔漢訳〕

又識能了別事之總相。…即此可意不可意倶相違相、由**觸**了別。…是故説彼作意等思爲後邊、名心所有法遍一切處、一切地、一切時、一切生。

…**觸**云何。謂三和合。…**觸**作何業。謂受想思所依爲業。

（T 291b21–c9）

〔チベット語訳〕

de la rnam par śes pas ni dṅos po mtha' dag gi mtshan ñid rnam par śes par byed do // ... de ñid la sdug pa daṅ mi sdug pa daṅ gñis ka las bzlog pa'i mtshan ñid gaṅ yin pa de ni **reg pas** rig par byed do // ... de lta bas na sems las byuṅ ba yid la byed pa la sogs pa nas / sems pa la thug pa de dag ni sa thams cad pa / thams cad la dus thams cad du thams cad 'byuṅ bar 'gyur ro //

... **reg**[1] **pa** gaṅ źe na / gsum 'dus pa'o // ... **reg pa** las ci byed ce na / tshor ba daṅ /[2] 'du śes daṅ / sems pa rnams kyi gnas sbyin pa'i las byed do //

[1] *reg* P : *rig* D [2] / D : om. P

（D 30a4–b4, P 33b5–34a8）

Pañcavijñānakāyasaṃprayuktamanobhūmiviniścaya

【定義的用例】

〔和訳〕（チベット語訳より）

認識が生じるとき、遍くはたらく心作用としての存在要素はいくつ生じるのか。答える。5つであり、すなわち注意、**接触**、感受、表象、意思である。

…**接触**とは如何なるものか。〔感覚能力ないし思考能力と、対象と、認識という〕三者の和合に基づき、目的対象を把捉することである。…**接触**は何をはたらきとするのか。感受と表象と意思に拠り所を与えることをはたらきとする。

（サンスクリット原典なし）

〔漢訳〕

問。諸識生時、與幾遍行心法倶起。答。五。一作意、二**觸**、三受、四想、五思。

…**觸**云何。謂三和合故、能攝受義。…**觸**爲何業。謂受想思所依爲業。

（T 601c10–29）

〔チベット語訳〕

rnam par śes pa 'byuṅ ba na sems las byuṅ ba'i chos kun tu 'gro ba du 'byuṅ źe na / smras pa /[1] lṅa ste [2] yid la byed pa daṅ / **reg**[3] **pa** daṅ / tshor ba daṅ / 'du śes daṅ / sems pa'o //

… **reg pa** gaṅ źe na / gsum 'dus pa las don 'dzin pa gaṅ yin pa'o // … **reg pa** las gaṅ daṅ ldan źe na / tshor ba daṅ / 'du śes daṅ / sems pa rnams kyi rten[4] byed pa'i las can yin no //

[1] / D : om. P [2] / add. P [3] *reg* D : *rig* P [4] *rten* D : *brten* P

（D źi 58b5–59a6, P zi 61b7–62a7）

vedanā

【訳例】感受
【漢訳】受（玄奘）
【チベット語訳】tshor ba
【Bauddhakośa】七十五法 51–52, 百法 30–33, パーリ文献 61–67

Manobhūmi

【定義的用例】

〔和訳〕

さて、認識によって事物の特徴全体を認識させる。…その同じ〔事物の特徴全体の〕中で、資益や損害や〔その〕どちらでもないという特徴を**感受**によって理解するのである。…従って、これら注意に始まり意思に終わる諸々の心作用は、〔善と不善とそのどちらでもない〕すべて〔の心〕に、すべての段階に属する〔心〕に、常に、〔5 つの心作用〕すべてが生じる。

…**感受**とは如何なるものか。直接経験である。…**感受**は何をはたらきとするのか。渇愛を生じることや、〔心が〕平静であることをはたらきとする。

〔原文〕

tatra sakalaṃ vastu-lakṣaṇaṃ vijñānena vijñāpayati. ... tatrâivânugrahôpaghātôbhaya-viparīta-lakṣaṇam, yad [1] **vedanayā** pratipadyate. ... tasmād ete manaskārâdayaś cetanā-paryavasānāś caitasāḥ sarvatra sarvabhūmike sarvadā sarve côtpadyante.

... **vedanā** katamā. anubhavanā. ... **vedanā** kiṃ-karmikā. tr̥ṣṇôtpādôpekṣā-karmikā.

[1] <*tad*> add. YBh

（YBh 59.16–60.12, Ms 17b2–6）

〔漢訳〕

又識能了別事之總相。…即此攝受損害俱相違相、由**受**了別。…是故説彼作意等思爲後邊、名心所有法遍一切處、一切地、一切時、一切生。

…**受**云何。謂領納。…**受**作何業。謂愛生所依爲業。

（T 291b21–c10）

〔チベット語訳〕

de la rnam par śes pas ni dṅos po mtha' dag gi mtshan ñid rnam par śes par byed do // ... de ñid la phan pa daṅ gnod pa daṅ / gñis ka las bzlog pa'i mtshan ñid gaṅ yin pa de ni [1] **tshor**

bas rig par byed do // ... de lta bas na sems las byuṅ ba yid la byed pa la sogs pa nas / sems pa la thug pa de dag ni sa thams cad pa / thams cad la dus thams cad du thams cad 'byuṅ bar 'gyur ro //

... **tshor ba** gaṅ źe na /[2] myoṅ ba'o // ... **tshor ba** las ci byed ce na / sred[3] pa skye ba daṅ / btaṅ sñoms su 'jog pa'i las byed do //

[1] / add. P [2] / P : om. D [3] *sred* P : *srid* D

(D 30a4–b5, P 33b5–34a8)

Pañcavijñānakāyasaṃprayuktamanobhūmiviniścaya

【定義的用例】

〔和訳〕（チベット語訳より）

認識が生じるとき、遍くはたらく心作用としての存在要素はいくつ生じるのか。答える。5つであり、すなわち注意、接触、**感受**、表象、意思である。

…**感受**とは如何なるものか。〔感覚能力ないし思考能力と、対象と、認識という〕三者の和合に基づき、目的対象を個々に直接経験することである。…**感受**は何をはたらきとするのか。渇愛を生じることや、〔心が〕平静であることをはたらきとする。

（サンスクリット原典なし）

〔漢訳〕

問。諸識生時、與幾遍行心法俱起。答。五。一作意、二觸、三**受**、四想、五思。

…**受**云何。謂三和合故、能領納義。…**受**爲何業。謂愛生所待爲業。

（T 601c10–29）

〔チベット語訳〕

rnam par śes pa 'byuṅ ba na sems las byuṅ ba'i chos kun tu 'gro ba du 'byuṅ źe na / smras pa /[1] lṅa ste [2] yid la byed pa daṅ / reg[3] pa daṅ / **tshor ba** daṅ / 'du śes daṅ / sems pa'o //

… **tshor ba** gaṅ źe na / gsum 'dus pa las don so sor myoṅ ba gaṅ yin pa'o // … **tshor ba** las gaṅ daṅ ldan źe na / sred pa skyed[4] pa daṅ / btaṅ sñoms su 'jog pa'i las can yin no //

[1] / D : om. P [2] / add. P [3] *reg* D : *rig* P [4] *skyed* D : *skyes* P

（D źi 58b5–59a6, P zi 61b7–62a8）

saṃjñā

【訳例】表象，想念
【漢訳】想（玄奘）
【チベット語訳】'du śes
【Bauddhakośa】七十五法 53–54, 百法 34–36, パーリ文献 68–71

Manobhūmi

【定義的用例】

〔和訳〕

さて、認識によって事物の特徴全体を認識させる。…その同じ〔事物の特徴全体の〕中で、言語表現するための根拠となる特徴を**表象**によって理解するのである。…従って、これら注意に始まり意思に終わる諸々の心作用は、〔善と不善とそのどちらでもない〕すべて〔の心〕に、すべての段階に属する〔心〕に、常に、〔5つの心作用〕すべてが生じる。
…**表象**とは如何なるものか。表象することである。…**表象**は何をはたらきとするのか。認識対象に対して心が多彩に描いて言語表現することをはたらきとする。

〔原文〕

tatra sakalaṃ vastu-lakṣaṇaṃ vijñānena vijñāpayati. ... tatrâiva vyavahāra-nimitta-lakṣaṇam, yat **saṃjñayā** pratipadyate. ... tasmād ete manaskārâdayaś cetanā-paryavasānāś caitasāḥ sarvatra sarvabhūmike sarvadā sarve côtpadyante.
... **saṃjñā** katamā. saṃjānanā. ... **saṃjñā** kiṃ-karmikā. ālambane citta-citrīkāra-vyavahāra-karmikā. （YBh 59.16–60.13, Ms 17b2–6）

〔漢訳〕

又識能了別事之總相。…即此言説因相、由**想**了別。…是故説彼作意等思爲後邊、名心所有法遍一切處、一切地、一切時、一切生。
…**想**云何。謂了像。…**想**作何業。謂於所縁令心發起種種言説爲業。　（T 291b21–c11）

〔チベット語訳〕

de la rnam par śes pas ni dṅos po mtha' dag gi mtshan ñid rnam par śes par byed do // ... de ñid la tha sñad kyi mtshan ma'i mtshan ñid gaṅ yin pa ni **'du śes** kyis rig par byed do // ... de lta bas na sems las byuṅ ba yid la byed pa la sogs pa nas / sems pa la thug pa de dag ni sa thams cad pa / thams cad la dus thams cad du thams cad 'byuṅ bar 'gyur ro //
... **'du śes** gaṅ źe na / kun śes pa'o // ... **'du śes** las ci byed ce na / dmigs pa la sems mtshan

mar 'dzin pa'i tha sñad kyi las byed do // (D 30a4–b5, P 33b5–34b1)

Pañcavijñānakāyasaṃprayuktamanobhūmiviniścaya

【定義的用例】

〔和訳〕（チベット語訳より）

認識が生じるとき、遍くはたらく心作用としての存在要素はいくつ生じるのか。答える。5 つであり、すなわち注意、接触、感受、**表象**、意思である。

…**表象**とは如何なるものか。他ならぬ〔感覚能力ないし思考能力と、対象と、認識という〕三者の和合に基づき、認識対象を概念設定し、言語協約として把捉するものである。それはまた、覚醒と、言語表現の休眠とである。その中で、覚醒とは、すなわち、言語表現に長けた諸々の天や人たちが有するものである。言語表現の休眠とは、すなわち、言語表現に長けていない幼児から鳥獣までの者たちが有するものである。…**表象**は何をはたらきとするのか。認識対象に対して、心が多彩に描いて言語表現することをはたらきとする[1)]。

[1)] 「心が多彩に描いて」に対応する箇所の漢訳、チベット語訳は、それぞれ「本地分」における表現と一貫している。この箇所のみをチベット語訳 mtshan mar 'dzin pa（一般的には *nimitta-(ud)graha、特徴を把捉すること）に従って直訳してしまうと、その違いが定義の変化（教説の展開）のように見えてしまうため、これを避ける意味で「本地分」と同様に訳した。

（サンスクリット原典なし）

〔漢訳〕

問。諸識生時、與幾遍行心法俱起。答。五。一作意、二觸、三受、四**想**、五思。

…**想**云何。謂三和合故、施設所縁假合而取。此復二種。一隨覺想、二言説隨眠想。隨覺想者、謂善言説人天等想。言説隨眠想者、謂不善言説嬰兒等類乃至禽獸等想。…**想**爲何業。謂於所縁令心彩畫言説爲業。 （T 601c10–602a1）

〔チベット語訳〕

rnam par śes pa 'byuṅ ba na sems las byuṅ ba'i chos kun tu 'gro ba du 'byuṅ źe na / smras pa /[1)] lṅa ste [2)] yid la byed pa daṅ / reg[3)] pa daṅ / tshor ba daṅ / **'du śes** daṅ / sems pa'o //

… **'du śes** gaṅ źe na / gsum 'dus pa ñid las dmigs par 'dogs pa la brdar 'dzin pa gaṅ yin pa ste / de yaṅ rjes su sad pa daṅ / tha sñad bag la ñal ba'o // de la rjes su sad pa ni 'di lta ste / lha daṅ mi tha sñad la mkhas pa rnams kyi'o // tha sñad bag la ñal ba ni 'di lta ste / byis pa tha sñad la mi mkhas pa rnams daṅ / tha na ri dwags daṅ bya rnams kyi'o // … **'du śes** las gaṅ daṅ ldan źe na / dmigs pa la sems kyis mtshan mar 'dzin pa daṅ / tha sñad 'dogs pa'i las can yin no //

[1)] / D : om. P [2)] / add. P [3)] *reg* D : *rig* P (D źi 58b5–59a7, P zi 61b7–62a8)

cetanā

【訳例】意思
【漢訳】思（玄奘）
【チベット語訳】sems pa
【Bauddhakośa】七十五法 55–56, 百法 37–40, パーリ文献 72–74

Manobhūmi

【定義的用例】

〔和訳〕

さて、認識によって事物の特徴全体を認識させる。…その同じ〔事物の特徴全体の〕中で、正しく、もしくは誤って、もしくは〔その〕どちらでもなく歩みを進めるための根拠となる特徴を**意思**によって理解するのである。従って、これら注意に始まり**意思**に終わる諸々の心作用は、〔善と不善とそのどちらでもない〕すべて〔の心〕に、すべての段階に属する〔心〕に、常に、〔5つの心作用〕すべてが生じる。
…**意思**とは如何なるものか。心を造り上げることである。…**意思**は何をはたらきとするのか。尋思、身体〔的行為〕、言語的行為等を誘起することをはたらきとする。

〔原文〕

tatra sakalaṃ vastu-lakṣaṇaṃ vijñānena vijñāpayati. ... tatrâiva samyaṅ-mithyôbhaya-viparīta-pratipatti-nimitta-lakṣaṇam,[1] yac[2] **cetanayā** pratipadyate. tasmād ete manaskārâdayaś **cetanā**-paryavasānāś caitasāḥ sarvatra sarvabhūmike sarvadā sarve côtpadyante.
... **cetanā** katamā. cittâbhisaṃskāraḥ. ... **cetanā** kiṃ-karmikā. vitarka-kāya-vākkarmâdi-samutthāna-karmikā.

[1] *°nimitta°* Ms : om. YBh [2] *yac* em. : *<yat> tac* YBh, *tac* Ms

（YBh 59.16–60.14, Ms 17b2–6）

〔漢訳〕

又識能了別事之總相。…即此邪正俱相違行因相、由**思**了別。是故說彼作意等**思**爲後邊、名心所有法遍一切處、一切地、一切時、一切生。
…**思**云何。謂心造作。…**思**作何業。謂發起尋伺身語業等爲業。

（T 291b21–c12）

〔チベット語訳〕

de la rnam par śes pas ni dṅos po mtha' dag gi mtshan ñid rnam par śes par byed do // ... de ñid la yaṅ dag pa daṅ log pa daṅ [1] gñis ka[2] las bzlog pa'i bsgrub[3] pa'i mtshan ma'i mtshan ñid gaṅ yin pa de ni **sems pas** rig par byed de / de lta bas na sems las byuṅ ba yid la byed pa la sogs pa nas / **sems pa** la thug pa de dag ni sa thams cad pa / thams cad la dus thams cad du thams cad 'byuṅ bar 'gyur ro //

... **sems pa** gaṅ źe na / sems mṅon par 'du byed pa'o // ... **sems pa** las ci byed ce na / rtog pa daṅ / lus daṅ /[4] ṅag gi las[5] la sogs pa sloṅ ba'i las byed do //

[1] / add. P [2] *gñis ka* D : *gñi ga* P [3] *bsgrub* D : *bsgrubs* P [4] / D : om. P [5] *las* D : om. P

（D 30a4–b6, P 33b5–34b1）

Pañcavijñānakāyasaṃprayuktamanobhūmiviniścaya

【定義的用例】

〔和訳〕（チベット語訳より）

認識が生じるとき、遍くはたらく心作用としての存在要素はいくつ生じるのか。5つであり、すなわち注意、接触、感受、表象、**意思**である。

…**意思**とは如何なるものか。〔感覚能力ないし思考能力と、対象と、認識という〕三者の和合に基づき、その認識対象に対する感受と結び付いたり離れたりするために、心を造り上げることである。…**意思**は何をはたらきとするのか。尋思、身体〔的行為〕、言語的行為を誘起することをはたらきとする。

（サンスクリット原典なし）

〔漢訳〕

問。諸識生時、與幾遍行心法倶起。答。五。一作意、二觸、三受、四想、五**思**。

…**思**云何。謂三和合故、令心造作於所縁境隨與領納和合乖離。…**思**爲何業。謂發起尋伺身語業爲業。

（T 601c10–602a2）

〔チベット語訳〕

rnam par śes pa 'byuṅ ba na sems las byuṅ ba'i chos kun tu 'gro ba du 'byuṅ źe na / smras pa /[1] lṅa ste [2] yid la byed pa daṅ / reg[3] pa daṅ / tshor ba daṅ / 'du śes daṅ / **sems pa**'o //

… **sems pa** gaṅ źe na / gsum 'dus pa las dmigs pa de la tshor ba daṅ / phrad pa daṅ / 'bral ba'i phyir sems mṅon par 'du byed pa gaṅ yin pa'o // … **sems pa** las gaṅ daṅ ldan źe na / rnam par rtog pa daṅ / lus daṅ ṅag gi las kun nas sloṅ ba'i las can yin no //

[1] / D : om. P [2] / add. P [3] *reg* D : *rig* P

（D źi 58b5–59a7, P zi 61b7–62b1）

chanda

【訳例】欲求
【漢訳】欲（玄奘）
【チベット語訳】'dun pa
【Bauddhakośa】七十五法 57–58, 百法 41–43, パーリ文献 75–77

Manobhūmi

【定義的用例】

〔和訳〕

欲求とは如何なるものか。ある者によって望まれた事物それぞれに対して、その者に従い、為そうと欲することである。…**欲求**は何をはたらきとするのか。努め励むことへの取りかかりをもたらすことをはたらきとする。

〔原文〕

chandaḥ katamaḥ. yad-īpsite vastuni tatra tatra tad-anugā kartu-kāmatā. ... **chandaḥ** kiṃ-karmakaḥ. vīryârambha-saṃjanana-karmakaḥ.

（YBh 60.3–14, Ms 17b4–6）

〔漢訳〕

欲云何。謂於可樂事隨彼彼行欲有所作性。…**欲**作何業。謂發勤爲業。

（T 291b29–c12）

〔チベット語訳〕

'dun[1)] **pa** gaṅ źe na / gaṅ 'dod pa'i dṅos po de daṅ de la de'i rjes su 'gro źiṅ byed 'dod pa'o // ... **'dun pa** las ci byed ce na / brtson 'grus rtsom pa skyed pa'i las byed do //

1) *'dun* P : *'dus* D

（D 30b1–6, P 34a3–b1）

Pañcavijñānakāyasaṃprayuktamanobhūmiviniścaya

【定義的用例】

〔和訳〕（チベット語訳より）

遍くはたらくわけではない〔心作用〕はいくつ生じるのか。答える。遍くはたらくわけではない〔心作用〕は多いが、主要なものは 5 つであり、すなわち**欲求**、確信、憶念、専心、知である。

…**欲求**とは如何なるものか。それぞれの対象に対して、それに従い、それを欲することである。…**欲求**は何をはたらきとするのか。努め励むことへの取りかかりをもたらすことをはたらきとする。…

遍くはたらくわけではない諸々（上記5つの心作用）は、個別的に限定された如何なる事物に対して生じるのか。答える。4種であって、順に、望まれたものと、決定されたものと、慣れ親しまれたものと、観察されるべきものとに対してであって、それらの中で、専心と知は最後（観察されるべきもの）に対してである。残り〔の3つ〕は、順に、前の3つに対してである。

（サンスクリット原典なし）

〔漢訳〕

問。復與幾不遍行心法俱起。答。不遍行法乃有多種。勝者唯五。一**欲**、二勝解、三念、四三摩地、五慧。

…**欲**云何。謂於彼彼境界、隨趣希樂。…**欲**爲何業。謂發生勤勵爲業。…

問。此不遍行五種心法、於何各別境事生耶。答。如其次第、於所愛、決定、串習、觀察、四境事生。三摩地慧、於最後境。餘隨次第於前三境。

（T 601c11–602a11）

〔チベット語訳〕

kun tu 'gro ba ma yin pa du 'byuṅ źe na / smras pa / kun tu 'gro ba ma yin pa ni maṅ mod kyi gtso bo ni lṅa ste / 'di lta ste / **'dun pa** daṅ / mos pa daṅ / dran pa daṅ / tiṅ ṅe 'dzin daṅ / śes rab po //

… **'dun pa** gaṅ źe na / yul de daṅ de la de'i rjes su 'gro ba daṅ / de 'dod pa ñid gaṅ yin pa'o //

… **'dun pa** las gaṅ daṅ ldan źe na / brtson 'grus rtsom pa skyed pa'i las can yin no // …

kun tu 'gro ba ma yin pa gaṅ dag yin pa de[1] dag dṅos po so sor ṅes pa gaṅ la skye bar 'gyur źe na / smras pa / rnam pa bźi po 'dod pa daṅ / ṅes pa daṅ / 'dris pa daṅ / ñe bar brtags pa la go rims bźin du ste / de la tiṅ ṅe 'dzin daṅ śes rab ni tha ma la'o // lhag ma rnams ni go rims bźin du goṅ ma gsum la'o //

[1] *de* D : om. P

（D źi 58b6–59b4, P zi 61b8–62b5）

adhimokṣa

【訳例】確信
【漢訳】勝解（玄奘）
【チベット語訳】mos pa
【Bauddhakośa】七十五法 67–68, 百法 44–46, パーリ文献 103–105

Manobhūmi

【定義的用例】

〔和訳〕

確信とは如何なるものか。ある者によって決定された事物それぞれに対して、その者に従い、確定する能力である。…**確信**は何をはたらきとするのか。良いことや、悪いことや、〔その〕どちらでもないこととして認識対象を〔確定して〕保持することをはたらきとする。

〔原文〕

adhimokṣaḥ katamaḥ. yan-niścite vastuni tatra tatra tad-anugâvadhāraṇaśaktiḥ. ... **adhimokṣaḥ** kiṃ-karmakaḥ. guṇato doṣato nôbhayato vâlambana-dhṛti-karmakaḥ.

（YBh 60.4–16, Ms 17b4–7）

〔漢訳〕

勝解云何。謂於決定事隨彼彼行印可隨順性。…**勝解**作何業。謂於所縁任持功徳過失爲業。

（T 291c1–13）

〔チベット語訳〕

mos pa gaṅ źe na / gaṅ ṅes pa'i dṅos po de daṅ de la de'i rjes su 'gro źiṅ ṅes par 'dzin nus pa'o // ... **mos pa** las ci byed ce na / yon tan nam ñes pa'am / gñi ga ma yin pas dmigs pa la dga' bar byed pa'i las byed do //

（D 30b2–6, P 34a4–b2）

Pañcavijñānakāyasaṃprayuktamanobhūmiviniścaya

【定義的用例】

〔和訳〕（チベット語訳より）

遍くはたらくわけではない〔心作用〕はいくつ生じるのか。遍くはたらくわけではない〔心作用〕は多いが、主要なものは 5 つであり、すなわち欲求、**確信**、憶念、専心、知である。

…**確信**とは如何なるものか。それぞれの対象に対して、それに従い、それを確定しようと欲することである。…**確信**は何をはたらきとするのか。認識対象を、良いことや、悪いことや、〔その〕どちらでもないこととして確信（*adhimukti）することをはたらきとする。…

遍くはたらくわけではない諸々（上記 5 つの心作用）は、個別的に限定された如何なる事物に対して生じるのか。4 種であって、順に、望まれたものと、決定されたものと、慣れ親しまれたものと、観察されるべきものとに対してであって、それらの中で、専心と知は最後（観察されるべきもの）に対してである。残り〔の 3 つ〕は、順に、前の 3 つに対してである。

（サンスクリット原典なし）

〔漢訳〕

問。復與幾不遍行心法倶起。答。不遍行法乃有多種。勝者唯五。一欲、二**勝解**、三念、四三摩地、五慧。
…**勝解**云何。謂於彼彼境界、隨趣印可。…**勝解**爲何業。謂於所縁、功徳過失或倶相違印持爲業。…
問。此不遍行五種心法、於何各別境事生耶。答。如其次第、於所愛、決定、串習、觀察、四境事生。三摩地慧、於最後境。餘隨次第於前三境。

（T 601c11–602a11）

〔チベット語訳〕

kun tu 'gro ba ma yin pa du 'byuṅ źe na / smras pa / kun tu 'gro ba ma yin pa ni maṅ mod kyi gtso bo ni lṅa ste / 'di lta ste / 'dun pa daṅ / **mos pa** daṅ / dran pa daṅ / tiṅ ṅe 'dzin daṅ / śes rab po //
… **mos pa** gaṅ źe na / yul de daṅ de la de'i rjes su 'gro ba daṅ / de la ṅes par 'dzin 'dod pa gaṅ yin pa'o // … **mos pa** las gaṅ daṅ ldan źe na / dmigs pa la yon tan nam / skyon nam / gñi ga ma yin pa la mos pa'i las can yin no // …
kun tu 'gro ba ma yin pa gaṅ dag yin pa de[1] dag dṅos po so sor ṅes pa gaṅ la skye bar 'gyur źe na / smras pa / rnam pa bźi po 'dod pa daṅ / ṅes pa daṅ / 'dris pa daṅ / ñe bar brtags pa la go rims bźin du ste / de la tiṅ ṅe 'dzin daṅ śes rab ni tha ma la'o // lhag ma rnams ni go rims bźin du goṅ ma gsum la'o //

[1] *de* D : om. P

（D źi 58b6–59b4, P zi 61b8–62b5）

smṛti

【訳例】憶念
【漢訳】念（玄奘）
【チベット語訳】dran pa
【Bauddhakośa】七十五法 63–64, 百法 47–49, パーリ文献 93–97

Manobhūmi

【定義的用例】

〔和訳〕

憶念とは如何なるものか。ある者によって慣れ親しまれた事物それぞれに対して、その者に従い、言葉に発することである。…**憶念**は何をはたらきとするのか。長い時間にわたり、思ったこと、為したこと、話したことを記憶し追憶することをはたらきとする。

〔原文〕

smṛtiḥ katamā. yat-saṃstute vastuni tatra tatra tad-anugâbhilapanā. ... **smṛtiḥ** kiṃ-karmikā. cira-cintita-kṛta-bhāṣita-smaraṇânusmaraṇa-karmikā.

（YBh 60.5–61.1, Ms 17b4–7）

〔漢訳〕

念云何。謂於串習事隨彼彼行明了記憶性。…**念**作何業。謂於久遠所思所作所説憶念爲業。

（T 291c2–14）

〔チベット語訳〕

dran pa gaṅ źe na / gaṅ 'dris pa'i dṅos po de daṅ de la de'i rjes su 'gro źiṅ mṅon par brjod pa'o // ... **dran pa** las ci byed ce na / yun riṅ po nas bsams pa daṅ / byas pa daṅ / smras pa daṅ / dran pa las rjes su dran pa'i las byed do //

（D 30b2–7, P 34a4–b3）

Pañcavijñānakāyasaṃprayuktamanobhūmiviniścaya

【定義的用例】

〔和訳〕（チベット語訳より）

遍くはたらくわけではない〔心作用〕はいくつ生じるのか。遍くはたらくわけではない〔心作用〕は多いが、主要なものは5つであり、すなわち欲求、確信、**憶念**、専心、知である。…**憶念**とは如何なるものか。それぞれの対象に対して、それに従い、言葉に発することである。…**憶念**は何をはたらきとするのか。長い時間にわたり、思ったこと、為したこと、話したことを記憶し追憶することをはたらきとする。…

遍くはたらくわけではない諸々（上記5つの心作用）は、個別的に限定された如何なる事物に対して生じるのか。4種であって、順に、望まれたものと、決定されたものと、慣れ親しまれたものと、観察されるべきものとに対してであって、それらの中で、専心と知は最後（観察されるべきもの）に対してである。残り〔の3つ〕は、順に、前の3つに対してである。

（サンスクリット原典なし）

〔漢訳〕

問。復與幾不遍行心法倶起。答。不遍行法乃有多種。勝者唯五。一欲、二勝解、三**念**、四三摩地、五慧。

…**念**云何。謂於彼彼境界、隨趣明記。…**念**爲何業。謂於久所思所作所說、記憶爲業。…

問。此不遍行五種心法、於何各別境事生耶。答。如其次第、於所愛、決定、串習、觀察、四境事生。三摩地慧、於最後境。餘隨次第於前三境。

（T 601c11–602a11）

〔チベット語訳〕

kun tu 'gro ba ma yin pa du 'byuṅ źe na / smras pa / kun tu 'gro ba ma yin pa ni maṅ mod kyi gtso bo ni lṅa ste / 'di lta ste / 'dun pa daṅ / mos pa daṅ / **dran pa** daṅ / tiṅ ṅe 'dzin daṅ / śes rab bo //

… **dran pa** gaṅ źe na / yul de daṅ de la[1] de'i rjes su 'gro ba daṅ / mṅon par brjod pa ñid gaṅ yin pa'o // … **dran pa** las gaṅ daṅ ldan źe na / yun riṅ po nas bsams pa daṅ / byas[2] pa daṅ / smras pa dran pa rjes su dran par byed pa'i las can yin no // …

kun tu 'gro ba ma yin pa gaṅ dag yin pa de[3] dag dṅos po so sor ṅes pa gaṅ la skye bar 'gyur źe na / smras pa / rnam pa bźi po 'dod pa daṅ / ṅes pa daṅ / 'dris pa daṅ / ñe bar brtags pa la go rims bźin du ste / de la tiṅ ṅe 'dzin daṅ śes rab ni tha ma la'o // lhag ma rnams ni go rims bźin du goṅ ma gsum la'o //

[1] *de la* D : om. P [2] *byas* P : *byams* D [3] *de* D : om. P

（D źi 58b6–59b4, P zi 61b8–62b5）

samādhi

【訳例】専心
【漢訳】三摩地（玄奘）
【チベット語訳】tiṅ ṅe 'dzin
【Bauddhakośa】七十五法 69–70, 百法 50–52, パーリ文献 106–110

Manobhūmi

【定義的用例】

〔和訳〕

専心とは如何なるものか。ある者によって観察されるべき事物それぞれに対して、その者に従い、熟慮の拠り所となって心が一点に集中することである。…**専心**は何をはたらきとするのか。知識に拠り所を与えることをはたらきとする。

〔原文〕

samādhiḥ katamaḥ. yat-parīkṣye vastuni tatra tatra tad-anugam upanidhyāna-saṃniśritaṃ cittâikâgryam. ... **samādhiḥ** kiṃ-karmakaḥ. jñāna-saṃniśraya-dāna-karmakaḥ.

（YBh 60.6–61.1, Ms 17b4–7）

〔漢訳〕

三摩地云何。謂於所觀察事隨彼彼行審慮所依心一境性。…**三摩地**作何業。謂智所依爲業。

（T 291c3–15）

〔チベット語訳〕

tiṅ ṅe 'dzin gaṅ źe na / gaṅ brtag pa'i dṅos po de daṅ de la de'i rjes su 'gro źiṅ ṅes par sems pa la brten nas sems rtse gcig pa'o// ... **tiṅ ṅe 'dzin** las ci byed ce na / ye śes kyi gnas sbyin pa'i las byed do //

（D 30b2–7, P 34a5–b3）

Pañcavijñānakāyasaṃprayuktamanobhūmiviniścaya

【定義的用例】

〔和訳〕（チベット語訳より）

遍くはたらくわけではない〔心作用〕はいくつ生じるのか。遍くはたらくわけではない〔心作用〕は多いが、主要なものは 5 つであり、すなわち欲求、確信、憶念、**専心**、知である。…**専心**とは如何なるものか。それぞれの対象に対して、それに従い、熟慮の拠り所となって心が一点に集中することである。…**専心**は何をはたらきとするのか。知識に拠り所を与えることをはたらきとする。…
遍くはたらくわけではない諸々（上記 5 つの心作用）は、個別的に限定された如何なる事物に対して生じるのか。4 種であって、順に、望まれたものと、決定されたものと、慣れ親しまれたものと、観察されるべきものとに対してであって、それらの中で、**専心**と知は最後（観察されるべきもの）に対してである。残り〔の 3 つ〕は、順に、前の 3 つに対してである。

（サンスクリット原典なし）

〔漢訳〕

問。復與幾不遍行心法倶起。答。不遍行法乃有多種。勝者唯五。一欲、二勝解、三念、四**三摩地**、五慧。
…**三摩地**云何。謂於彼彼境界、隨順趣向、爲審慮依、心一境性。…**三摩地**爲何業。謂智所依爲業。…
問。此不遍行五種心法、於何各別境事生耶。答。如其次第、於所愛、決定、串習、觀察、四境事生。**三摩地**慧、於最後境。餘隨次第於前三境。

（T 601c11–602a11）

〔チベット語訳〕

kun tu 'gro ba ma yin pa du 'byuṅ źe na / smras pa / kun tu 'gro ba ma yin pa ni maṅ mod kyi gtso bo ni lṅa ste / 'di lta ste / 'dun pa daṅ / mos pa daṅ / dran pa daṅ / **tiṅ ṅe 'dzin** daṅ / śes rab bo //
… **tiṅ ṅe 'dzin** gaṅ źe na / yul de daṅ de la de'i rjes su 'gro ba daṅ / ṅes par sems pa la brten nas sems rtse gcig pa gaṅ yin pa'o // … **tiṅ ṅe 'dzin** las gaṅ daṅ ldan źe na / śes pa'i rten byed pa'i las can yin no // …
kun tu 'gro ba ma yin pa gaṅ dag yin pa de[1] dag dṅos po so sor ṅes pa gaṅ la skye bar 'gyur źe na / smras pa / rnam pa bźi po 'dod pa daṅ / ṅes pa daṅ / 'dris pa daṅ / ñe bar brtags pa la go rims bźin du ste / de la **tiṅ ṅe 'dzin** daṅ śes rab ni tha ma la'o // lhag ma rnams ni go rims bźin du goṅ ma gsum la'o //

[1] *de* D : om. P

（D źi 58b6–59b4, P zi 61b8–62b5）

prajñā

【訳例】知
【漢訳】慧（玄奘）
【チベット語訳】śes rab
【Bauddhakośa】七十五法 61–62, 百法 53–55, パーリ文献 82–92

Manobhūmi

【定義的用例】

〔和訳〕

知とは如何なるものか。〔専心にとってのと〕同じ、ある者によって観察されるべき事物それぞれに対して、その者に従い、諸存在要素を分析することであり、理のそなわったものとして〔分析すること〕、或いは理のそなわらないものとして〔分析すること〕、或いは理のそなわったものとしてでもなく理のそなわらないものとしてでもなく〔分析すること〕である。…**知**は何をはたらきとするのか。言語的多様性が進展することにおいて汚れと清浄に従って推知判断することをはたらきとする。

〔原文〕

prajñā katamā. yat-parīkṣya eva vastuni tatra tatra tad-anugo dharmānāṃ[1] pravicayo yogavihitato vâyogavihitato vā nâiva-yogavihitato vā[2] nâyogavihitattas. ... **prajñā** kiṃ-karmikā. prapañca-pracāra-saṃkleśa-vyavadānânukūla-saṃtīraṇa-karmikā.

[1] *dharmāṇāṃ* Ms : *dharmāṇā* YBh [2] *vā* em. : om. YBh Ms (*vā* is cancelled in Ms.)

（YBh 60.7–61.2, Ms 17b5–7）

〔漢訳〕

慧云何。謂即於所觀察事隨彼彼行簡擇諸法性。或由如理所引或由不如理所引或由非如理非不如理所引。…**慧**作何業。謂於戲論所行染汚清淨隨順推求爲業

（T 291c5–16）

〔チベット語訳〕

śes rab gaṅ źe na / gaṅ brtag pa'i dṅos po ñid de daṅ de la de'i rjes su 'gro źiṅ / chos rnams la rab tu rnam par 'byed pa ste / rigs pas bskyed pa'am / rigs pa ma yin pas bskyed pa'am / rigs pas bskyed pa yaṅ ma yin [1] rigs[2] pa ma yin pas bskyed pa yaṅ ma yin pa'o // ... **śes rab** las ci byed ce na / spros pa rgyu ba daṅ / kun nas ñon moṅs pa daṅ / rnam par byaṅ ba daṅ / mthun pa la spyod pa'i las byed do //

[1] / add. P [2] *rigs* D : *rig* P

（D 30b3–31a1, P 34a5–b4）

Pañcavijñānakāyasaṃprayuktamanobhūmiviniścaya

【定義的用例】

〔和訳〕（チベット語訳より）

遍くはたらくわけではない〔心作用〕はいくつ生じるのか。遍くはたらくわけではない〔心作用〕は多いが、主要なものは5つであり、すなわち欲求、確信、憶念、専心、**知**である。…**知**とは如何なるものか。それぞれの対象に対して、それに従い、諸存在要素を分析することであり、理のそなわったものとして〔分析すること〕、或いは理のそなわらないものとして〔分析すること〕、或いは理のそなわったものとしてでもなく理のそなわらないものとしてでもなく〔分析すること〕である。…**知**は何をはたらきとするのか。言語的多様性が進展することにおいて汚れと清浄に従って思慮することをはたらきとする。…

遍くはたらくわけではない諸々（上記5つの心作用）は、個別的に限定された如何なる事物に対して生じるのか。4種であって、順に、望まれたものと、決定されたものと、慣れ親しまれたものと、観察されるべきものとに対してであって、それらの中で、専心と**知**は最後（観察されるべきもの）に対してである。残り〔の3つ〕は、順に、前の3つに対してである。

（サンスクリット原典なし）

〔漢訳〕

問。復與幾不遍行心法倶起。答。不遍行法乃有多種。勝者唯五。一欲、二勝解、三念、四三摩地、五**慧**。

…**慧**云何。謂於彼彼境界、隨順趣向簡擇諸法。或如理觀察、或不如理觀察、或非如理非不如理觀察。…**慧**爲何業。謂於言論所行、染汚清淨隨順考察爲業。…

問。此不遍行五種心法、於何各別境事生耶。答。如其次第、於所愛、決定、串習、觀察、四境事生。三摩地**慧**、於最後境。餘隨次第於前三境。

（T 601c11–602a11）

〔チベット語訳〕

kun tu 'gro ba ma yin pa du 'byuṅ źe na / smras pa / kun tu 'gro ba ma yin pa ni maṅ mod kyi gtso bo ni lṅa ste / 'di lta ste / 'dun pa daṅ / mos pa daṅ / dran pa daṅ / tiṅ ṅe 'dzin daṅ / **śes rab** bo //

… **śes rab** gaṅ źe na / yul de daṅ de la de'i rjes su 'gro ba daṅ / chos rnams rab tu 'byed pa gaṅ yin pa ste / de yaṅ rigs pas bskyed pa daṅ / rigs pa ma yin pas bskyed pa daṅ / rigs pa yaṅ ma yin rigs pa ma yin pa yaṅ ma yin pas bskyed pa'o // … **śes rab** las gaṅ daṅ ldan źe na / spros pa daṅ / rgyu ba daṅ / kun nas ñon moṅs pa daṅ / rnam par byaṅ ba daṅ / rjes su mthun par kun tu rtog pa'i las can yin no // …

kun tu 'gro ba ma yin pa gaṅ dag yin pa de[1] dag dṅos po so sor ṅes pa gaṅ la skye bar 'gyur że na / smras pa / rnam pa bżi po 'dod pa daṅ / ṅes pa daṅ / 'dris pa daṅ / ñe bar brtags pa la go rims bżin du ste / de la tiṅ ṅe 'dzin daṅ **śes rab** ni tha ma la'o // lhag ma rnams ni go rims bżin du goṅ ma gsum la'o //

[1] *de* D : om. P

(D żi 58b6–59b4, P zi 61b8–62b5)

rāga

【訳例】貪り，貪欲
【漢訳】貪（玄奘）
【チベット語訳】'dod chags
【Bauddhakośa】七十五法 148–149，百法 91–93，パーリ文献 195–196

Savitarkasavicārādibhūmi

【定義的用例】

〔和訳〕

貪りとは如何なるものか。正しくない人に仕え、正しくない教えを聴聞し、根源的な正しさを欠いて思惟すること、或いは不意に注意を失ってしまうことによって、外的にであれ内的にであれ、明白にであれ曖昧にであれ、好ましい対象に執着することである。

〔原文〕

rāgaḥ katamaḥ. asatpuruṣa-saṃsevām[1] āgamyâsaddharma-śravaṇam ayoniśomanaskāraṃ naiḥsargikaṃ[2] vā smr̥ti-sampramoṣam, yad bahirdhā vâdhyātmaṃ[3] vā nirdhāritaṃ vânirdhāritaṃ[4] vêṣṭaviṣayâdhyavasānam.[5]

[1] *°saṃsevām* YBh$_{Ahn}$ Ms : *°sevām* YBh [2] *naiḥsargikaṃ* YBh$_{Ahn}$ Ms : *naisargikaṃ* YBh [3] *yad bahirdhā vādhyātmaṃ* YBh$_{Ahn}$ Ms : *bahirdhādhyātmaṃ* YBh [4] *<vānirdhāritaṃ>* YBh$_{Ahn}$: om. YBh Ms [5] *veṣṭaviṣayādhyavasānam* YBh$_{Ahn}$ Ms : *iṣṭaviṣayādyavasānam* YBh

（YBh$_{Ahn}$ 66.1–4, YBh 163.9–11, Ms 45a4）

〔漢訳〕

貪者、謂由親近不善丈夫聞非正法不如理作意故、及由任運失念故、於外及内可愛境界、若分別不分別、染著爲體。

（T 313c18–21）

〔チベット語訳〕

'dod chags gaṅ źe na / skyes bu dam pa ma yin pa la brten pa daṅ / dam pa'i chos ma yin pa thos pa daṅ / tshul bźin ma yin pa yid la byed pa daṅ / raṅ bźin gyis dran pa brjed pa la brten nas / brtags kyaṅ ruṅ ste / phyi rol gyi'am naṅ gi sdug pa'i yul la lhag par źen pa'o //

（D 82b6–7, P 95b5–7; cf. YBh$_{Ahn}$ 67.1–5）

【欧文先行研究の訳例】

Ahn［2003: 176.5–9］: [leidenschaftliches] Verlangen

Worin besteht **[leidenschaftliches] Verlangen**? In dem expliziten oder <inexpliziten> Verlangen (*adhyavasāna*) nach erwünschten Objekten (*viṣaya*) außen (d.h. außerhalb der eigenen Person) oder mit Bezug auf sich selbst, da [man] mit schlechten Menschen verkehrt, falsche Lehren gehört, unsachgemäß nachgedacht hat oder aber die Achtsamkeit spontan ausgesetzt hat.

Savitarkasavicārādibhūmiviniścaya

【定義的用例】

〔和訳〕（チベット語訳より）

さて、**貪り**とは如何なるものか。心が執着することである。それもまた 4 種であって、諸々の見解に対するものと、諸々の欲望対象に対するものと、諸々の物質的なものに対するものと、諸々の非物質的なものに対するものとである。

（サンスクリット原典なし）

〔漢訳〕

貪者、謂能耽著心所爲性。此復四種。謂著諸見、欲、色、無色。

（T 621c14–15）

〔チベット語訳〕

de la **'dod chags** gaṅ źe na / sems kyi lhag [1] par chags pa daṅ bcas pa gaṅ yin pa'o // de yaṅ[2] rnam pa bźi ste / lta ba rnams daṅ 'dod pa rnams daṅ gzugs rnams daṅ / gzugs med pa rnams la'o //

[1] *pa* add. D [2] *de yaṅ* D : *de'aṅ* P

（D źi 109a6–7, P zi 114a4; cf. YBh_{Ahn} 99.11–13）

【欧文先行研究の訳例】

Ahn［2003: 237.17–19］: [leidenschaftliches] Verlangen

Worin besteht **[leidenschaftliches] Verlangen** (***rāga***)? Es besteht im Anhaften (*adhyavasāna*) des Geistes. Es ist vierfach: [Verlangen] nach Ansichten, nach Sinnesgenüssen, nach Körperlichkeit und nach Körperlosigkeit.

pratigha

【訳例】怒り，憤怒
【漢訳】恚（玄奘）
【チベット語訳】khoṅ khro ba
【Bauddhakośa】七十五法 150–151，百法 94–96，パーリ文献 197–199

Savitarkasavicārādibhūmi

【定義的用例】

〔和訳〕

怒りとは如何なるものか。正しくない人に仕え、正しくない教えを聴聞し、根源的な正しさを欠いて思惟すること、或いは不意に注意を失ってしまうことによって、外的にであれ内的にであれ、明白にであれ曖昧にであれ、好ましくない対象に怒ることである。

〔原文〕

pratighaḥ katamaḥ. asatpuruṣa-saṃsevām[1] āgamyâsaddharma-śravaṇam ayoniśomanas-kāraṃ naiḥsargikaṃ[2] vā smṛti-sampramoṣam, yo bahirdhā vâdhyātmaṃ[3] vā nirdhārito vânirdhārito[4] vâniṣṭaviṣayapratighātaḥ.[5]

1) *°saṃsevām* YBh_{Ahn} Ms : *°sevām* YBh　2) *naiḥsargikaṃ* YBh_{Ahn} Ms : *naisargikaṃ* YBh
3) *yo bahirdhā vādhyātmaṃ* YBh_{Ahn} Ms : *yādhyātmaṃ bahirdhādhyātmaṃ* YBh
4) *vānirdhārito* YBh_{Ahn} Ms : *'nirdhārito* YBh　5) *pratighātaḥ* YBh_{Ahn} Ms : *pratidhātaḥ* YBh

（YBh_{Ahn} 66.5–8, YBh 163.12–14, Ms 45a4–5）

〔漢訳〕

恚者、謂由親近不善丈夫聞非正法不如理作意故、及由任運失念故、於外及内非愛境界、若分別不分別、憎恚爲體。

（T 313c21–23）

〔チベット語訳〕

khoṅ khro ba gaṅ źe na / skyes bu dam pa ma yin pa la brten pa daṅ / dam pa'i chos ma yin pa thos pa daṅ / tshul bźin ma yin pa yid la byed pa daṅ / raṅ bźin gyis dran pa brjed pa la brten nas / brtags kyaṅ ruṅ ma brtags kyaṅ ruṅ ste / phyi rol gyi'am naṅ gi mi sdug pa'i yul la khoṅ khro ba gaṅ yin pa'o //

（D 82b7–83a1, P 95b7–8; cf. YBh_{Ahn} 67.6–10）

【欧文先行研究の訳例】

AHN［2003: 177.1–5］: Abneigung

Worin besteht die **Abneigung**? In dem expliziten oder inexpliziten Widerwillen gegen unerwünschte Objekte außen (= mit Bezug auf andere Personen) oder mit Bezug auf sich selbst, da [man] mit schlechten Menschen verkehrt, falsche Lehren gehört, unsachgemäß nachgedacht hat oder aber die Achtsamkeit spontan ausgesetzt hat.

Savitarkasavicārādibhūmiviniścaya

【定義的用例】

〔和訳〕（チベット語訳より）

怒りとは如何なるものか。心が憤ることである。それもまた 4 種であると見るべきであって、他者である生き物存在たちの中で、〔自分とは〕異なって見解をもつ者たちに対するものと、〔自分に〕損害をなす者たちに対するものと、愛しい者に損害をなす者たちに対するものと、憎い者に資益をなす者たちに対するものとである。

（サンスクリット原典なし）

〔漢訳〕

恚者、謂能損害心所爲性。此復四種。謂於損己他見他有情所、及於所愛不饒益所、於所不愛作饒益所、所有瞋恚。

（T 621c16–18）

〔チベット語訳〕

khoṅ khro ba gaṅ źe na /[1] sems kyi kun nas mnar sems pa gaṅ yin pa'o // de'aṅ rnam pa bźir blta bar bya ste / sems can gźan rnams las gźan du lta[2] ba rnams daṅ / gnod pa byed pa rnams daṅ / sdug pa la gnod pa byed pa rnams daṅ / mi sdug pa la phan 'dogs pa rnams la'o //

[1] *khoṅ khro ba gaṅ źe na* / D : om. P　[2] *lta* D : *blta* P

（D źi 109a7–b1, P zi 114a4–6; cf. $\mathrm{YBh}_{\mathrm{Ahn}}$ 99.14–18）

【欧文先行研究の訳例】

AHN［2003: 237.20–238.3］: Abneigung

Worin besteht die **Abneigung** (***pratigha***)? Sie besteht im 'Anstoßnehmen' (*āghāta*) des Geistes (= Haßgefühle). Auch sie ist — so muss man wissen — vierfach: [Abneigung] gegen diejenigen von den anderen Lebewesen, welche die Dinge anders betrachten, welche [mir] Schaden zufügen, welche denen, die mir lieb (*priya*) sind, schaden, und welche denen, die ich nicht mag (*apriya*), Wohltaten erweisen (*upa-kṛ*).

māna

【訳例】慢心，思い上がり
【漢訳】慢（玄奘）
【チベット語訳】ṅa rgyal
【Bauddhakośa】七十五法 152–153，百法 97–100，パーリ文献 200–204

Savitarkasavicārādibhūmi

【定義的用例】

〔和訳〕

慢心とは如何なるものか。正しくない人に仕え、正しくない教えを聴聞し、根源的な正しさを欠いて思惟すること、或いは不意に注意を失ってしまうことによって、外的にであれ内的にであれ、明白にであれ曖昧にであれ、上下関係や優劣関係において高ぶることである。

〔原文〕

mānaḥ katamaḥ. asatpuruṣa-saṃsevām[1] āgamyâsaddharma-śravaṇam ayoniśomanaskāraṃ naiḥsargikaṃ[2] vā smṛti-sampramoṣam āgamya, yā bahirdhā vâdhyātmaṃ vā[3] nirdhāritā vânirdhāritā[4] vôccanīcatāyāṃ hīnapraṇītatāyāṃ ca [5] unnatiḥ.

1) *°saṃsevām* YBh$_{\text{Ahn}}$ Ms : *°sevām* YBh　2) *naiḥsargikaṃ* YBh$_{\text{Ahn}}$ Ms : *naisargikaṃ* YBh　3) *yā <bahirdhā v>ādhyātmaṃ <vā>* YBh$_{\text{Ahn}}$: *yādhyātmaṃ <bahirdhā vā>* YBh, *yā adhyātmaṃ* Ms　4) *vānirdhāritā* YBh$_{\text{Ahn}}$ Ms : *'nirdhāritā* YBh　5) *<cittasya>* add. YBh

（YBh$_{\text{Ahn}}$ 66.9–12, YBh 163.15–18, Ms 45a5）

〔漢訳〕

慢者、謂由親近不善丈夫聞非正法不如理作意故、及由任運失念故、於外及内高下勝劣、若分別不分別、高擧爲體。

（T 313c23–26）

〔チベット語訳〕

ṅa rgyal gaṅ źe na / skyes bu dam pa ma yin pa la brten pa daṅ / dam pa'i chos ma yin pa thos pa daṅ / tshul bźin ma yin pa yid la byed pa daṅ / raṅ bźin gyis dran pa brjed pa la brten nas / brtags kyaṅ ruṅ ma brtags kyaṅ ruṅ ste / phyi rol gyi'am naṅ gi mtho ba daṅ / dma' ba daṅ / ṅan pa daṅ / bzaṅ po la mthor sems pa gaṅ yin pa'o //

（D 83a1–2, P 95b8–96a2; cf. YBh$_{\text{Ahn}}$ 67.11–15）

【欧文先行研究の訳例】

Ahn［2003: 177.6–178.2］: Stolz

Worin besteht der **Stolz**? In der expliziten oder inexpliziten Überheblichkeit — außen (= mit Bezug auf andere Personen) oder mit Bezug auf sich selbst — im Hinblick darauf, dass [der eine] höher, [der andere] niedriger, bzw. [der eine] vorzüglich, [der andere] minderwertig ist, da [man] mit schlechten Menschen verkehrt, falsche Lehren gehört, unsachgemäß nachgedacht hat oder aber die Achtsamkeit spontan ausgesetzt hat.

Savitarkasavicārādibhūmiviniścaya

【定義的用例】

〔和訳〕（チベット語訳より）

慢心とは如何なるものか。心が高ぶることである。それもまた 4 種であると見るべきであって、諸々の見解〔に依拠するもの〕と、生き物存在に依拠するものと、欲望対象の享受に依拠するものと、再生に依拠するものとである。…

（サンスクリット原典なし）

〔漢訳〕

慢者、謂令心擧心所爲性。此復四種。謂於諸見、於諸有情、於受用欲、於諸後有處起。…

（T 621c19–20）

〔チベット語訳〕

ṅa rgyal gaṅ źe na / gaṅ[1] sems kyi kheṅs pa gaṅ yin pa'o // de'aṅ rnam pa bźir blta bar bya ste / lta ba rnams daṅ / sems can la[2] brten pa daṅ / 'dod pa la loṅs spyod pa la[3] brten pa daṅ / yaṅ srid pa la[4] brten pa'o // ...

[1] sic! (Read without *gaṅ*.)　[2] [3] [4] *la* D : *las* P

（D źi 109b1–2, P zi 114a6–7; cf. YBh$_{\text{Ahn}}$ 99.19–22）

【欧文先行研究の訳例】

Ahn［2003: 238.4–8］: Stolz

Worin besteht der **Stolz** (***māna***)? Er besteht im ‘Sichaufrecken’ des Geistes (*cittasyonnati*) (= Hochmut). Auch er ist vierfach — so muss man wissen: Der auf Ansichten gestützte [Stolz], der auf Lebewesen gestützte, der auf Güter, die den Sinnesgenüssen dienen (*kāmabhoga*), gestützte und der auf Wiedergeburt gestützte....

avidyā

【訳例】無知蒙昧
【漢訳】無明（玄奘）
【チベット語訳】ma rig pa
【Bauddhakośa】七十五法 95–98，百法 101–103，パーリ文献 146–148

Savitarkasavicārādibhūmi

【定義的用例】

〔和訳〕

無知蒙昧とは如何なるものか。正しくない人に仕え、正しくない教えを聴聞し、根源的な正しさを欠いて思惟すること、或いは不意に注意を失ってしまうことによる、明白〔な無知〕であれ曖昧〔な無知〕であれ、知られるべき事物に対する汚れた無知である。

〔原文〕

avidyā katamā. asatpuruṣa-saṃsevām āgamyâsaddharma-śravaṇam ayoniśomanaskāraṃ naiḥsargikaṃ vā[1)] smr̥ti-sampramoṣam, yaj jñeye vastuni nirdhāritaṃ vânirdhāritaṃ vā kliṣṭam ajñānam.

[1)] *asatpuruṣasaṃsevām … vā* YBh_{Ahn} Ms : *asatpuruṣaṃ* YBh

（YBh_{Ahn} 68.1–4, YBh 163.19–20, Ms 45a5–6）

〔漢訳〕

無明者、謂由親近不善丈夫聞非正法不如理作意故、及由任運失念故、於所知事、若分別不分別、染汚無知爲體。

（T 313c26–29）

〔チベット語訳〕

ma rig pa gaṅ źe na / skyes bu dam pa ma yin pa la brten pa daṅ / dam pa'i chos ma yin pa thos pa daṅ / tshul bźin ma yin pa yid la byed pa daṅ / raṅ bźin gyis dran pa brjed[1)] pa la brten nas / śes bya'i dṅos po la brtags kyaṅ ruṅ ma brtags kyaṅ ruṅ ba'i ñon moṅs pa can gyi mi śes pa gaṅ yin pa'o //

[1)] *brjed* P : *brjod* D

（D 83a2–4, P 96a2–3; cf. YBh_{Ahn} 69.1–5）

【欧文先行研究の訳例】

Ahn［2003: 178.3–6］: Nichtwissen

Worin besteht das **Nichtwissen**? In dem expliziten oder inexpliziten befleckten Unwissen in bezug auf den zu erkennenden Sachverhalt, da [man] mit schlechten Menschen verkehrt, falsche Lehren gehört, unsachgemäß nachgedacht hat oder aber die Achtsamkeit spontan ausgesetzt hat.

Savitarkasavicārādibhūmiviniścaya

【定義的用例】

〔和訳〕（チベット語訳より）

さて、**無知蒙昧**とは如何なるものか。知られるべきものの真実を洞察することに対して心を覆うことと、妨げることである。それもまた、まとめると4種であると知るべきであって、無理解という蒙昧と、散漫（放逸）という蒙昧と、汚れを伴っている蒙昧と、汚れを伴っていない蒙昧とである。…

（サンスクリット原典なし）

〔漢訳〕

無明者、謂於所知眞實覺悟、能覆能障心所爲性。此略四種。一無解愚、二放逸愚、三染汚愚、四不染汚愚。…

（T 622a4–6）

〔チベット語訳〕

de la **ma rig pa** gaṅ źe na / śes bya'i de kho na rtogs par bya ba la sems la 'gebs par byed pa ñid daṅ sgrib par byed pa ñid do // de yaṅ mdor bsdu na rnam pa bźir rig par bya ste / ma rtogs pa'i[1] kun tu rmoṅs pa daṅ / bag med pa'i[2] kun tu rmoṅs pa daṅ / ñon moṅs pa can gyi kun tu rmoṅs pa daṅ /[3] ñon moṅs pa can ma yin pa'i kun tu rmoṅs pa'o // ...

[1) 2)] *pa'i* D : *pa ni* P [3)] *ñon moṅs pa can ... daṅ* / D : om. P

（D źi 109b7–110a1, P zi 114b5–7; cf. YBh_{Ahn} 101.4–9）

【欧文先行研究の訳例】

Ahn［2003: 240.1–6］: Nichtwissen

Worin besteht das **Nichtwissen** (***avidyā***)? [Sein Wesen] besteht darin, dass es den Geist hemmt und [daran] hindert, die wahre Natur (*tattva*) des zu Erkennenden (*jñeya*) zu erkennen. Es ist, kurz gesagt, als vierfach zu verstehen: Desorientiertheit aus Nichtverstehen (**anavagama-saṃmoha*), Desorientiertheit aus Nachlässigkeit (**pramāda-*), befleckte Desorientiertheit (*kliṣṭa-*) und unbefleckte Desorientiertheit (*akliṣṭa-*)....

vicikitsā

【訳例】疑念
【漢訳】疑（玄奘）
【チベット語訳】the tshom
【Bauddhakośa】七十五法 154–155, 百法 104–106, パーリ文献 205–207

Savitarkasavicārādibhūmi

【定義的用例】

〔和訳〕

疑念とは如何なるものか。正しくない人に仕え、正しくない教えを聴聞し、根源的な正しさを欠いて思惟することによって、〔無知蒙昧の対象と〕同じ知られるべき事物に対して、ただ明白に、思い迷うことである。

〔原文〕

vicikitsā katamā. asatpuruṣa-saṃsevām āgamyâsaddharma-śravaṇam ayoniśomanaskāram,[1)] yā jñeya eva vastuni[2)] nirdhāritâiva vimatiḥ.[3)]

[1)] *asatpuruṣasaṃsevām … ayoniśomanaskāram* YBh$_{Ahn}$ Ms : *asatpuruṣaṃ manaskāraṃ* YBh [2)] *yā jñeya eva vastuni* YBh$_{Ahn}$: *yā jñeye vastuni* YBh, *yat jñeya evastuni* Ms [3)] *vimatiḥ* YBh$_{Ahn}$: *<saṃśaya>matiḥ* YBh, *timatiṃ* Ms

（YBh$_{Ahn}$ 68.5–7, YBh 164.1–2, Ms 45a6）

〔漢訳〕

疑者、謂由親近不善丈夫聞非正法不如理作意故、即於所知事、唯用分別、異覺爲體。

（T 313c29–314a2）

〔チベット語訳〕

the tshom gaṅ źe na / skyes bu dam pa ma yin pa la brten pa daṅ / dam pa'i chos ma yin pa thos pa daṅ /[1)] tshul bźin ma yin pa yid la byed pa la brten nas / śes bya'i dṅos po la brtags pa [(2]la /[2)] kho na'i yid gñis za ba gaṅ yin pa'o //

[1)] / D : om. P [2)] sic! (Read without *la* /.)

（D 83a4, P 96a3–4; cf. YBh$_{Ahn}$ 69.6–9）

【欧文先行研究の訳例】

AHN〔2003: 179.1–4〕: Zweifel

Worin besteht der **Zweifel**? In der ausschließlich expliziten Unschlüssigkeit in bezug auf eben den zu erkennenden Sachverhalt, da [man] mit schlechten Menschen verkehrt, falsche Lehren gehört und unsachgemäß nachgedacht hat.

Savitarkasavicārādibhūmiviniścaya

【定義的用例】

〔和訳〕（チベット語訳より）

さて、**疑念**とは如何なるものか。心が思い迷うこと、〔心の〕ジレンマ、〔心が〕決定できないことである。そ〔の疑念〕の分類は、まとめると5つの有り様によって設定するべきである。〔すなわち〕来世と、行いと、そ〔の行い〕の結果と、諸々の真理（四諦）と、諸々の宝（三宝）とに対して心が思い迷うことである。

（サンスクリット原典なし）

〔漢訳〕

疑者、猶豫二分不決定心所爲性。當知此**疑**略由五相差別建立。謂於他世作用因果諸諦寶中、心懷猶豫。

（T 622a17–19）

〔チベット語訳〕

de la **the tshom** gaṅ źe na / sems kyi yid gñis daṅ gñis kyi dṅos po daṅ ma ṅes pa gaṅ yin pa'o // de'i rab tu dbye ba ni mdor bsdu na rnam pa lṅas rnam par gźag par bya ste / 'jig rten pha rol daṅ bya ba daṅ de'i 'bras bu daṅ bden pa rnams daṅ dkon mchog rnams la sems kyi yid gñis za bas so //

（D źi 110a6–7, P zi 115a5–6; $\mathrm{YBh}_{\mathrm{Ahn}}$ 102.4–8）

【欧文先行研究の訳例】

AHN［2003: 241.11–17］: Zweifel

Worin besteht der **Zweifel (*vicikitsā*)**? Er besteht in der Unschlüssigkeit (*vimati*) des Geistes, seiner Zweigeteiltheit (**dvaidhībhāva*), seiner Unentschiedenheit (**aniścaya*). Die Unterteilung des [Zweifels] ist, kurz gesagt, mittels [einer Unterscheidung von] fünf Arten festzustellen: Als Unschlüssigkeit des Geistes in bezug auf die jenseitige Welt (*paraloka*), das [karmische] Handeln (*kriyā*), dessen Wirkung (*tat-phala*), die [vier] Wahrheiten (*satya*) und die [drei] Juwelen (*ratna*).

vitarka

【訳例】尋思
【漢訳】尋（玄奘）
【チベット語訳】rtog pa
【Bauddhakośa】七十五法 144–145, 百法 176–179, パーリ文献 188–192

Savitarkasavicārādibhūmi

【定義的用例】

〔和訳〕—綱領偈—

さて、〔「有尋有伺等三地」に関する〕特徴の概念設定の体系は如何なるものか。それは、7つの有り様をともなうと知るべきであって、(1) 本体という点からも、(2) 認識対象という点からも、(3) 有り様という点からも、(4) 誘起という点からも、(5) 区別という点からも、(6) 決択という点からも、(7) 活動という点からも〔知るべきである〕。

それについての綱領解がある。

特徴に関しては、まとめると、本体と、認識対象と、有り様と、
誘起と、区別と、決択と、活動とがある。

〔原文〕

tatra lakṣaṇa-prajñapti-vyavasthānaṃ katamat. tat saptâkāraṃ veditavyam, śarīrato 'pi, ālambanato 'pi, ākārato 'pi, samutthānato 'pi, prabhedato 'pi, viniścayato 'pi, pravr̥ttito 'pi. tatrôddānam.

śarīram ālambanam ākāraḥ samutthānaṃ prabhedanaṃ
viniścayaḥ pravr̥ttiś ca lakṣaṇasya samāsataḥ.

（YBh 112.7–11, Ms 32b1–2）

〔漢訳〕

云何相施設建立。嗢拕南曰

體所縁行相　等起與差別
決擇及流轉　略辯相應知

應知此相略有七種。一體性、二所縁、三行相、四等起、五差別、六決擇、七流轉。

（T 302b19–23）

〔チベット語訳〕

de la mtshan ñid gdags pa rnam par gźag[1] pa gaṅ źe na / de ni rnam pa bdun du rig par bya ste / lus daṅ dmigs pa daṅ / rnam pa daṅ / kun nas sloṅ ba daṅ / rab tu dbye ba daṅ / rnam par ṅes pa daṅ /[2] 'jug pa'o // de la sdom ni /

mtshan ñid kyi ni mdor bsdu ba //[3] lus daṅ dmigs pa rnam pa daṅ //[4]
kun nas sloṅ daṅ rab dbye daṅ //[5] rnam par ṅes daṅ 'jug pa yin //[6]

[1] *gźag* D : *bźag* P [2] / D : om. P [3) 4) 5) 6)] // D : / P

(D 57b5–6, P 67b6–8)

〔和訳〕 ―本体という観点―

（1）**尋思**と**吟味**の本体とは如何なるものか。認識対象を深く推度していないときには、**尋思**と**吟味**は意思を本体としており、また、認識対象を深く推度しているときには、**尋思**と**吟味**は知識を本体としていると知るべきである。

〔原文〕

vitarka-vicārāṇāṃ śarīraṃ katamat. ālambanam[1] anabhyūhataś cetanā-śarīrā[2] **vitarka-vicārāḥ**, ālambanaṃ[3] punar abhyūhato jñāna-śarīrā **vitarka-vicārā** veditavyāḥ.

[1] *ālambanam* Ms : *ālambane* YBh [2] *cetanā°* Ms : *cetana°* YBh [3] *ālambanaṃ* Ms : *ālambane* YBh

(YBh 112.12–13, Ms 32b2–3)

〔漢訳〕

尋伺體性者、謂不深推度所縁、思爲體性。若深推度所縁、慧爲體性應知。

(T 302b23–25)

〔チベット語訳〕

rtog pa daṅ **dpyod pa** rnams kyi lus gaṅ źe na / **rtog pa** daṅ **dpyod pa** rnams dmigs pa la mṅon par mi rtog pa ni sems pa'i lus yin la / **rtog pa** daṅ **dpyod pa** rnams dmigs pa la mṅon par rtog pa ni śes pa'i lus yin par rig par bya'o //

(D 57b6–7, P 67b8–68a1)

〔和訳〕 ―認識対象という観点―

（2）そのとき、**尋思**と**吟味**の認識対象とは如何なるものか。名辞の集合や文の集合や文字の集合に依拠した意味対象が認識対象である。

〔原文〕

tatra **vitarka-vicārāṇām** ālambanaṃ katamat. nāmakāya-padakāya-vyañjanakāyâśrito 'rtha ālambanam.

（YBh 112.14–15, Ms 32b3）

〔漢訳〕

尋伺所縁者、謂依名身句身文身、義爲所縁。

（T 302b25–26）

〔チベット語訳〕

de la **rtog pa** daṅ **dpyod pa** rnams kyi dmigs pa gaṅ źe na / miṅ gi tshogs daṅ / tshig gi tshogs daṅ / yi ge'i tshogs la brten pa'i don ni dmigs pa yin no //

（D 57b7–58a1, P 68a1–2）

〔和訳〕 —有り様という観点—

（3）**尋思**と**吟味**の有り様とは如何なるものか。**尋思**は、まさにその認識対象に向かわせること、様々に向かわせることを有り様とする。また、**吟味**は、同じそ〔の認識対象〕を精察することを有り様とする。

〔原文〕

vitarka-vicārāṇām ākāraḥ katamaḥ. tasminn evâlambane 'rpaṇā-vyarpaṇâkāro[1] **vitarkaḥ**, tatrâiva punaḥ pratyavekṣaṇâkāro **vicāraḥ**.

[1] *arpaṇāvyarpaṇā*° Ms : *arpaṇānarpaṇā*° YBh

（YBh 112.16–17, Ms 32b3）

〔漢訳〕

尋伺行相者、謂即於此所縁、尋求行相是**尋**。即於此所縁、伺察行相是**伺**。

（T 302b26–28）

〔チベット語訳〕

rtog pa daṅ **dpyod pa** rnams kyi rnam pa gaṅ źe na / **rtog pa**'i rnam pa ni / dmigs pa de ñid la gtod ciṅ bye brag tu gtod pa'o // **dpyod pa**'i rnam pa ni de ñid la so sor rtog pa'o //

（D 58a1, P 68a2–3）

〔和訳〕 —誘起という観点—

（4）**尋思**と**吟味**は何を誘起するのか。言語〔的行為〕を誘起する。

〔原文〕

vitarka-vicārāḥ kiṃ-samutthānāḥ. vāk-samutthānāḥ.

（YBh 112.18, Ms 32b3）

〔漢訳〕

尋伺等起者、謂發起語言。

（T 302b28）

〔チベット語訳〕

rtog pa daṅ **dpyod pa** rnams kyis ci źig kun nas sloṅ źe na / ṅag kun nas sloṅ ṅo //

（D 58a1–2, P 68a3）

〔和訳〕 —区別という観点—

（5）**尋思**や**吟味**の区別とは如何なるものか。区別は 7 種あって、特徴を伴うもの〔や特徴を伴わないもの〕から汚れを伴わないものまで、先〔に「意地」（YBh 12.9–13.4）において解説されているの〕と同様である。

〔原文〕

vitarka-vicārāṇāṃ prabhedaḥ katamaḥ. saptavidhaḥ prabhedaḥ. naimittikaḥ pūrvavad yāvad akliṣṭaś ca.

（YBh 112.19–20, Ms 32b3–4）

〔漢訳〕

尋伺差別者、有七種差別、謂有相無相乃至不染汚、如前說。

（T 302b28–c1）

〔チベット語訳〕

rtog pa daṅ **dpyod pa** rnams kyi[1] rab tu dbye ba gaṅ źe na / rab tu dbye ba rnam pa bdun te / mtshan ma can daṅ / mtshan ma can ma yin pa nas /[2] ñon moṅs pa can ma yin pa'i bar du[3] sṅa ma bźin no //

[1] *kyi* D : *kyis* P [2] / D : om. P [3] *pa'i bar du* D : *par dus* P

（D 58a2, P 68a3–4）

〔和訳〕 ―決択という観点―

(6) **尋思**と**吟味**の決択とは如何なるものか。〔すなわち〕**尋思**と**吟味**は分別でもあるのか、また、分別は**尋思**と**吟味**でもあるのか。まず、**尋思**と**吟味**は分別でもある。いっぽう、分別が**尋思**と**吟味**でないことはあり得る。〔すなわち〕出世間知に鑑みて、それ（尋思と吟味）以外の、三界に属する範囲にあるすべての心と心作用の諸存在要素は分別であり**尋思**と**吟味**でない。

〔原文〕

vitarka-vicārāṇāṃ viniścayaḥ katamaḥ. yo **vitarka-vicāraḥ** vikalpo 'pi saḥ, yo vā[1] vikalpo **vitarka-vicāro** 'pi saḥ. yas tāvad **vitarka-vicāro** vikalpo 'pi saḥ. syāt tu vikalpo na **vitarka-vicāraḥ**, lokottaraṃ[2] jñānam apekṣya tadanye sarve traidhātukâvacarāś citta-caitasikā dharmā vikalpo na[3] **vitarka-vicāraḥ**.

[1] *vā* Ms : om. YBh [2] *lokottaraṃ* Ms : *lokottara°* YBh [3] *vikalpo na* em. : *vikalpena na* YBh, *vikalpe na* Ms

（YBh 113.1–5, Ms 32b4–5）

〔漢訳〕

尋伺決擇者、若**尋伺**即分別耶、設分別即**尋伺**耶。謂諸**尋伺**必是分別。或有分別非**尋伺**。謂望出世智、所餘一切三界心心所、皆是分別而非**尋伺**。

（T 302c1–4）

〔チベット語訳〕

rtog pa daṅ **dpyod pa** rnams kyi rnam par ṅes pa gaṅ źe na / **rtog pa** daṅ **dpyod pa** gaṅ yin pa de ni rnam par rtog pa yaṅ yin no // rnam par rtog pa gaṅ yin pa de ni **rtog pa** daṅ **dpyod pa** yaṅ yin la /[1] rnam par rtog pa gaṅ yin pa de ni **rtog pa** daṅ **dpyod pa** yin no //[2] de ltar **rtog pa** daṅ **dpyod pa** gaṅ yin pa de rnam par rtog pa yaṅ yin mod kyi / rnam par rtog pa yin[3] la / **rtog pa** daṅ **dpyod pa** ma yin pa yaṅ yod de / 'jig rten las 'das pa'i ye śes ma gtogs pa de las gźan pa'i khams gsum na spyod pa'i sems daṅ sems las byuṅ ba'i chos thams cad ni rnam par rtog pa yin la / **rtog pa** daṅ **dpyod pa** ma yin no //

[1] *yaṅ yin la /* D : *gaṅ yin no //* P [2] // P : / D [3] *yin* P : *yan* D

（D 58a2–5, P 68a4–8）

〔和訳〕 ―活動という観点―

(7) **尋思**と**吟味**の活動とは如何なるものか。地獄に属する者たちの**尋思**と**吟味**は、何を有り様とし、何と接触し、何によって触発され、何と結合し、何を希求し、何をはたらきとして活動するのか。地獄に属する者たちの〔尋思と吟味〕と同様に、畜生たち、餓鬼たち、人間たち、欲界の範囲にある天たち、〔色界〕初禅の段階にある天たちの**尋思**と**吟味**は、何を有り様とし、何と接触し、何によって触発され、何と結合し、何を希求し、何をはたらきとして活動するのか。それらの中で、地獄に属する者たちの**尋思**と**吟味**は、専ら、悲哀を有り様とし、好ましくない対象と接触し、苦によって触発され、憂いと結合し、苦からの解放を希求し、心を動揺させることをはたらきとして活動する。地獄に属する者たちの〔尋思と吟味〕と同様に、苦しめられている餓鬼たちの〔尋思と吟味〕も〔活動する〕。畜生たちや、人間たちや、大いなる神通を有する餓鬼たちの**尋思**と**吟味**は、多くは悲哀を有り様とし僅かに歓喜を有り様とし、多くは好ましくない対象と接触し僅かに好む対象と接触し、多くは苦によって触発され僅かに楽によって触発され、多くは憂いと結合し僅かに喜びと結合し、多くは苦からの解放を希求し僅かに楽との遭遇を希求し、心を動揺させることをはたらきとして活動する。欲界の範囲にある天たちの**尋思**と**吟味**は、多くは歓喜を有り様とし僅かに悲哀を有り様とし、多くは好ましい対象と接触し僅かに好ましくない対象と接触し、多くは楽によって触発され僅かに苦によって触発され、多くは喜びと結合し僅かに憂いと結合し、多くは楽との遭遇を希求し僅かに苦からの解放を希求し、心を動揺させることをはたらきとして活動する。〔色界〕初禅の段階にある天たちの**尋思**と**吟味**は、専ら歓喜を有り様とし、専ら内的に好ましい対象と接触し、専ら楽によって触発され、専ら喜びと結合し、専ら楽と離れないことを希求し、心を動揺させないことをはたらきと〔して活動〕する。

〔原文〕

vitarka-vicārāṇāṃ pravr̥ttiḥ katamā. nārakāṇāṃ **vitarka-vicārāḥ** kim-ākārāḥ pravartante, kiṃ-saṃsparśāḥ[1] kiṃ-samudīritāḥ kiṃ-saṃprayuktāḥ kiṃ-prārthanāḥ kiṃ-karmakāḥ. yathā nārakāṇām evaṃ tiraścāṃ pretānāṃ manuṣyāṇāṃ kāmâvacarāṇāṃ devānāṃ prathamadhyāna-bhūmikānāṃ devānāṃ **vitarka-vicārāḥ** kim-ākārāḥ kiṃ-saṃsparśāḥ[2] kiṃ-samudīritāḥ kiṃ-saṃprayuktāḥ kiṃ-prārthanāḥ kiṃ-karmakāś ca pravartante. tatra nārakāṇāṃ **vitarka-vicārā** ekāntena dainyâkārā aniṣṭaviṣaya-saṃsparśā duḥkha-samudīritā daurmanasya-saṃprayuktā duḥkha-vimokṣa-prārthanāś citta-saṃkṣobha-karmakāś ca pravartante. yathā nārakāṇām evaṃ duḥkhitānāṃ pretānām. tiraścāṃ manuṣyāṇāṃ preta-maharddhikānāṃ ca[3] **vitarka-vicārā** bāhulyena dainyâkārā alpâmodâkārāḥ,[4] bāhulyenâniṣṭaviṣaya-saṃsparśā alpêṣṭaviṣaya-saṃsparśāḥ, bāhulyena duḥkha-samudīritā alpa-sukha-samudīritāḥ, bāhulyena daurmanasya-saṃprayuktā alpa-saumanasya-saṃprayuktāḥ,[5] bāhulyena duḥkha-vimokṣa-prārthanā alpa-sukha-samavadhāna-prārthanāḥ, citta-saṃkṣobha-karmakāś ca pravartante. devānāṃ kāmâvacarāṇāṃ **vitarka-vicārā** bāhulyenāmodâkārā alpaṃ dainyâkārāḥ, bāhulyenêṣṭaviṣaya-saṃsparśā alpam aniṣṭaviṣaya-saṃsparśāḥ, bāhulyena sukha-samudīritā alpaṃ duḥkha-samudīritāḥ, bāhulyena saumanasya-saṃprayuktā alpaṃ daurmanasya-saṃprayuktāḥ,[6] bāhulyena sukha-samavadhāna-prārthanā alpaṃ duḥkha-vimokṣa-prārthanāḥ, citta-saṃkṣobha-karmakāś ca pravartante. prathama-dhyāna-bhūmikānāṃ devānāṃ **vitarka-vicārā** ekāntenâmodâkārāḥ, ekāntenâdhyātmam iṣṭa-viṣaya-saṃsparśāḥ, ekāntena sukha-samudīritāḥ, ekāntena saumanasya-saṃprayuktāḥ, ekāntena sukhâviyoga-prārthanāḥ, cittâsaṃkṣobha-karmakāś[7] ca.

[1] *°saṃsparśāḥ* em. : *°sparśāḥ* YBh Ms [2] *°saṃsparśāḥ* Ms : *°sparśāḥ* YBh [3] *°maharddhikānāṃ ca* em. : *°sahagatikānāṃ* YBh, *°mahardhikānāṃ ca* Ms [4] *alpāmodākārāḥ* em. : *alpamodākārāḥ* YBh Ms [5] *daurmanasyasaṃprayuktā alpa-saumanasya°* Ms : *daurmanasyālpasaumanasya°* YBh [6] *alpaṃ daurmanasya°* em. : *alpaṃ dormanasya°* YBh, *alpadaurmanasya°* Ms [7] *cittā°* Ms : *cintā°* YBh

（YBh 113.6–114.8, Ms 32b5–33a2）

〔漢訳〕

尋伺流轉者、若那落迦**尋伺**、何等行、何所觸、何所引、何相應、何所求、何業、轉耶。如那落迦、如是傍生餓鬼人欲界天初靜慮地天所有**尋伺**、何等行、何所觸、何所引、何相應、何所求、何業、轉耶。謂那落迦**尋伺**唯是慼行、觸非愛境、引發於苦與憂相應、常求脱苦、嬈心業轉。如那落迦**尋伺**、一向受苦餓鬼**尋伺**亦爾。傍生、人趣、大力餓鬼所有**尋伺**、多分慼行少分欣行、多分觸非愛境少分觸可愛境、多分引苦少分引樂、多分憂相應少分喜相應、多分求脱苦少分求遇樂、嬈心業轉。欲界諸天所有**尋伺**、多分欣行少分慼行、多分觸可愛境少分觸非愛境、多分引樂少分引苦、多分喜相應少分憂相應、多分求遇樂少分求脱苦、嬈心業轉。初靜慮地天所有**尋伺**、一向欣行、一向觸内可愛境界、一向引樂、一向喜相應、唯求不離樂、不嬈心業轉。

（T 302c4–21）

〔チベット語訳〕

rtog[1] **pa** daṅ **dpyod pa** rnams kyi 'jug pa gaṅ że na / sems can dmyal ba pa[2] rnams kyi **rtog pa** daṅ **dpyod pa** rnams kyi rnam pa ni ci / 'dus te reg pa ni ji lta bu /[3] ci źig gis ni spyod[4] / ci daṅ ni ldan /[5] ci źig ni[6] 'dod / las ni ci źig byed ciṅ 'jug // sems can dmyal ba pa[7] rnams ji lta ba de bźin du / dud 'gro rnams daṅ / yi dags rnams daṅ / mi rnams daṅ / 'dod pa na spyod pa'i lha rnams daṅ / bsam gtan daṅ po'i sa pa'i lha rnams kyi **rtog pa** daṅ **dpyod pa** rnams kyi rnam pa ni ci / 'dus te reg pa ni ji[8] lta bu ci źig zer[9] ci źig gis ni bskyod / ci daṅ ni ldan / ci źig ni 'dod / las ni ci źig byed ciṅ 'jug ce na / de la sems can dmyal ba pa[10] rnams kyi **rtog pa** daṅ **dpyod pa** rnams ni gcig tu ṅes par źum pa'i rnam pa daṅ / mi sdug pa'i yul gyi 'dus te reg pa daṅ /[11] sdug bsṅal gyis bskyod pa daṅ / yid mi bde ba daṅ ldan pa daṅ / sdug bsṅal las thar bar 'dod pa daṅ / sems kun nas 'khrugs[12] pa'i las byed ciṅ 'jug go // sems can dmyal ba pa rnams ji lta ba bźin du / yi dags sdug bsṅal bar gyur pa rnams kyaṅ de daṅ 'dra'o // dud 'gro rnams daṅ / mi rnams daṅ / yi dags rdzu 'phrul che ba rnams kyi **rtog pa** daṅ **dpyod pa** rnams ni źum pa'i rnam pa śas che la / kun tu dga' ba'i rnam pa śas chuṅ ba daṅ / mi sdug pa'i yul gyi 'dus te reg pa śas che la / sdug pa'i yul gyi 'dus te reg pa śas chuṅ ba daṅ / sdug bsṅal gyis bskyod pa'i śas che la / bde bas bskyod pa'i śas chuṅ ba daṅ / yid mi bde ba daṅ ldan pa'i śas che la / yid bde ba daṅ ldan pa'i śas chuṅ ba daṅ / sdug bsṅal las thar par[13] 'dod pa'i śas che la / bde ba daṅ 'grogs par 'dod pa'i śas chuṅ ba daṅ / sems kun nas 'khrugs[14] pa'i las byed ciṅ 'jug go // 'dod pa na spyod pa'i lha rnams kyi **rtog pa** daṅ [15] **dpyod pa** rnams kyi[16] kun tu dga' ba'i rnam pa śas che la / źum pa'i rnam pa śas chuṅ ba daṅ / sdug pa'i yul gyi 'dus te reg pa śas che la / mi sdug pa'i yul gyi 'dus te reg pa śas chuṅ ba daṅ / bde bas bskyod pa'i śas che la [17] sdug bsṅal gyis bskyod pa'i śas chuṅ ba daṅ / yid bde ba daṅ ldan pa'i śas che la / yid mi bde ba daṅ ldan pa'i śas chuṅ ba daṅ / bde ba daṅ 'grogs par 'dod pa'i śas che la / sdug bsṅal las thar par 'dod pa'i śas chuṅ ba daṅ / sems kun du 'khrugs[18] pa'i las byed ciṅ 'jug go // bsam gtan daṅ po'i sa pa'i lha[19] rnams kyi **rtog pa** daṅ **dpyod pa** rnams ni / gcig tu ṅes par kun tu dga' ba'i rnam pa daṅ / gcig tu ṅes par naṅ gi sdug pa'i yul gyi 'dus te reg pa daṅ / gcig tu ṅes par bde bas bskyod pa daṅ / gcig tu ṅes par yid bde ba daṅ ldan pa daṅ / gcig tu ṅes par bde ba daṅ mi 'bral bar 'dod pa daṅ / sems kun tu mi 'khrugs[20] pa'i las byed pa yin no //

[1] *rtog* P : *rtag* D [2) 7) 10)] *pa* D : om. P [3) 5) 11)] / D : om. P [4] *spyod* D : *bskyod* P [6] *ni* D : *na* P [8] *ji* D : *ci* P [9] *ci źig zer* D : om. P [12) 14) 18) 20)] *'khrugs* D : *'khrug* P [13] *par* D : *pa* P [15] / add. D [16] *kyi* D : *ni* P [17] / add. P [19] *lha* D : *lam* P

(D 58a5–b7, P 68a8–69a5)

Savitarkasavicārādibhūmiviniścaya

【定義的用例】

〔和訳〕（チベット語訳より）

…**尋思**と**吟味**という2つは、知や意思をそれ自体とすると見るべきであり、すなわち、諸々の見解と同様である。思考のつぶやきに依拠し、認識対象に対してうろうろと動き回ってはたらく知は、そ〔の知〕をそれ自体とするけれども、**尋思**を伴うものや**吟味**を伴うものと言われる。その中で、別個の認識対象に対してうろうろと動き回って思考のつぶやきに依拠する、より粗大な知が**尋思**である。同じそ〔の認識対象〕に対してうろうろと動き回らずに〔思考のつぶやきに依拠する〕、より微細な〔知〕が**吟味**である。…

（サンスクリット原典なし）

〔漢訳〕

當知、**尋伺**慧思爲性、猶如諸見。若慧依止意言而生於所縁境悼惶推究、雖慧爲性而名**尋伺**。於諸境界遽務推求、依止意言麁慧名**尋**。即於此境不甚遽務而隨究察、依止意言細慧名**伺**。

（T 623a14–18）

〔チベット語訳〕

... rtog pa daṅ **dpyod pa** gñis ni śes rab daṅ sems pa'i ṅo bo ñid yin par blta bar[1)] bya ste / 'di lta ste / dper na lta ba rnams bźin no // śes rab gaṅ yid la brjod pa la brten pa dmigs pa la mi mthun par rgyu źiṅ 'jug pa de ni de'i ṅo bo ñid yin yaṅ **rtog pa** daṅ bcas pa daṅ **dpyod pa** daṅ bcas pa źes bya'o // de la dmigs pa gźan la mi mthun par rgyu źiṅ yid la brjod pa la brten pa'i śes rab ches rags pa ni **rtog pa** yin no // de ñid la mi mthun pa ma yin par rgyu źiṅ ches cha phra ba ni **dpyod pa** yin te ...

1) *blta bar* D : om. P

(D źi 113a3–5, P zi 118a5–7; cf. YBh_{Ahn} 109.9–15)

【欧文先行研究の訳例】

AHN［2003: 257.17–258.7］: Überlegung

Die beiden [Nebenbefleckungen] **Überlegung** und **Erwägung** sind als Urteilen und Absicht (*cetanā*) zum Wesen habend zu betrachten, wie die Ansichten (*dṛṣṭi*). Wenn das Urteilen — insofern es sich auf Denksprechen (*manojalpa*) stützt — so auftritt, dass es sich mit Bezug auf den Gegenstand unkonzentriert (?) beweget, wird es, obwohl es seinem Wesen nach das (sc. Urteilen) [bleibt], als **Überlegung** und **Erwägung** bezeichnet. Dabei nennt man das gröbere Urteilen, das sich in bezug auf einen bestimmten (?) Gegenstand unkonzentriert bewegt und sich auf Denksprechen stützt, **Überlegung**; das subtilere Urteilen, das sich in bezug auf eben diesen [Gegenstand] nicht [so] unkonzentriert bewegt [und sich auf Denksprechen stützt,] **Erwägung**.

vicāra

【訳例】吟味
【漢訳】伺（玄奘）
【チベット語訳】dpyod pa
【Bauddhakośa】七十五法 146–147，百法 180–183，パーリ文献 193–194

Savitarkasavicārādibhūmi

【定義的用例】→ 43–50 頁参照。

Savitarkasavicārādibhūmiviniścaya

【定義的用例】→ 50–51 頁参照。

【欧文先行研究の訳例】→ 51 頁参照。
Ahn［2003: 257.17–258.7］: Erwägung

cakṣus

【訳例】眼，視覚機能
【漢訳】眼（玄奘）
【チベット語訳】mig
【Bauddhakośa】七十五法 1–4，百法 184–186，パーリ文献 1–12

Pañcavijñānakāyasaṃprayuktā bhūmiḥ

【定義的用例】

〔和訳〕

眼に拠る認識の拠り所とは如何なるものか。**眼**が、同時に存在する拠り所であり、思考が、直前〔の一瞬間〕の拠り所であり、すべての種子を有し、拠り所〔である身体〕を取るものであり、異熟によって包摂されるアーラヤ識が、種子の拠り所である。そうしたこれらをまとめると、拠り所は2種であり、〔すなわち〕物質的なものと、非物質的なものとである。それらの中で、**眼**が物質的なものであり、それ以外が非物質的なものである。

眼とは如何なるものか。四元素を原因とする、眼に拠る認識の拠り所である透明なものであって、指し示すことができず抵触する。思考とは如何なるものか。眼に拠る認識にとって直前に過ぎ去った〔一瞬間の〕認識である。すべての種子を有する認識とは如何なるものか。プラパンチャを喜ぶという先行する原因によって[1]、すべての種子を有する異熟が発現したものである。

[1]「プラパンチャを喜ぶ」に関して、Schmithausen［1987: 229.2］では、当該箇所と深く関連する「思所成地」の Paramārthagāthā 第 28 偈における prapañcābhirati を Delight in worldly existence と訳す。その根拠となる詳細な分析に関して、詳しくは同［1987: 509–514 (n. 1405, 1408)］を参照されたい。

〔原文〕

cakṣurvijñānasyâśrayaḥ katamaḥ. **cakṣuḥ** sahabhūr āśrayaḥ, manaḥ samanantara āśrayaḥ, sarvabījakam āśrayôpādātṛ vipāka-saṃgṛhītam ālayavijñānaṃ bījâśrayaḥ. tad etad abhisamasya dvividha āśrayo bhavati, rūpī cârūpī ca. tatra **cakṣū** rūpī, tadanyo 'rūpī.

cakṣuḥ katamat. yaś[1] catvāri mahābhūtāny upādāya cakṣurvijñāna-saṃniśrayo rūpa-prasādaḥ, anidarśanaṃ sapratigham.[2] manaḥ katamat. yac cakṣurvijñānasyâ-nantarâtītaṃ vijñānam. sarvabījakaṃ vijñānaṃ katamat. pūrvakaṃ prapañca-rati-hetum upādāya yaḥ sarvabījako vipāko nirvṛttaḥ.

[1] *yaś* em. : om. YBh Ms [2] *anidarśanaṃ sapratigham* Ms : *anidarśanaḥ sapratighaḥ* YBh

（YBh 4.6–12, Ms 1b4–5）

〔漢訳〕

彼所依者俱有依謂**眼**。等無間依謂意。種子依謂即此一切種子執受所依異熟所攝阿頼耶識。如是略説二種所依。謂色非色。**眼**是色餘非色。

眼謂四大種所造眼識所依淨色無見有對。意謂眼識無間過去識。一切種子識謂無始時來樂著戲論熏習爲因所生一切種子異熟識。

（T 279a24–b3）

〔チベット語訳〕

mig gi rnam par śes pa'i gnas gaṅ źe na / **mig** ni lhan cig 'byuṅ ba'i gnas so // yid ni de ma thag pa'i gnas so // sa bon thams cad pa lus len par byed pa / rnam par smin pa[1] bsdus pa kun gźi rnam par śes pa ni sa bon gyi gnas so // de yaṅ mdor bsdu na gnas rnam pa gñis su 'gyur ro //[2] gzugs can daṅ gzugs can ma yin pa'o // de la **mig** ni gzugs can no // de las gźan pa ni gzugs can ma yin pa'o //

mig gaṅ źe na / gaṅ 'byuṅ ba chen po bźi po dag rgyur byas pa mig gi rnam par śes pa'i rten po gzugs daṅ ba ste / bstan du med la thogs pa daṅ bcas pa'o // yid gaṅ źe na / gaṅ mig gi rnam par śes pa'i sṅon rol du 'das ma thag pa'i rnam par śes pa'o // sa bon thams cad pa'i rnam par śes pa gaṅ źe na / sṅon gyi spros pa [3] dga' ba[4] rgyur gyur pa la brten nas sa bon thams cad pa rnam par smin pa mṅon par 'grub pa gaṅ yin pa'o //

[1] *pa* D : *par* P　[2] *ro* // D : *te* / P　[3] / add. D　[4] *ba* D : *bar* P

（D 2a4–b2, P 2b5–3a1）

śrotra

【訳例】耳，聴覚機能
【漢訳】耳（玄奘）
【チベット語訳】rna ba
【Bauddhakośa】七十五法 5–8, 百法 187–188, パーリ文献 13–15

Pañcavijñānakāyasaṃprayuktā bhūmiḥ

【定義的用例】

〔和訳〕

〔耳に拠る認識の〕拠り所とは如何なるものか。同時に存在する拠り所が**耳**であり、直前〔の一瞬間〕の拠り所が思考であり、種子の拠り所が〔眼に拠る認識の拠り所になっているのと〕同一の、すべての種子を有するアーラヤ識である。

耳とは如何なるものか。四元素を原因とする、耳に拠る認識の拠り所である透明なものであって、指し示すことができず抵触する。思考と種子〔を有するアーラヤ識〕の弁別は、先〔の眼に拠る認識の拠り所の解説におけるの〕と同様である。

〔原文〕

āśrayaḥ katamaḥ. sahabhūr āśrayaḥ **śrotram**, samanantara āśrayo manaḥ, bījâśrayas tad eva sarvabījakam ālayavijñānam.

śrotraṃ katamat. yaś[1] catvāri mahābhūtāny upādāya śrotravijñāna-saṃniśrayo rūpa-prasādaḥ, anidarśanaṃ sapratigham.[2] mano-bījayoḥ pūrvavad vibhāgaḥ.

[1] *yaś* em. : om. YBh Ms [2] *anidarśanaṃ sapratigham* Ms : *anidarśanaḥ sapratighaḥ* YBh

（YBh 6.4–8, Ms 2a5–6）

〔漢訳〕

彼所依者俱有依謂**耳**。等無間依謂意。種子依謂一切種子阿頼耶識。

耳謂四大種所造耳識所依淨色無見有對。意及種子如前分別。（T 279b28–c2）

〔チベット語訳〕

gnas gaṅ źe na / **rna ba** ni lhan cig 'byuṅ ba'i gnas so // yid ni de ma thag pa'i gnas so // sa bon thams cad pa kun gźi rnam par śes pa de ñid ni sa bon gyi gnas so //

rna ba gaṅ źe na / gaṅ 'byuṅ ba chen po bźi po dag rgyur byas pa / rna ba'i rnam par śes pa'i rten po gzugs daṅ ba ste / bstan du med la thogs pa daṅ bcas pa'o // yid daṅ sa bon gyi rnam par dbye ba ni sṅa ma bźin no //（D 3b1–2, P 4a1–3）

ghrāṇa

【訳例】鼻，嗅覚機能
【漢訳】鼻（玄奘）
【チベット語訳】sna
【Bauddhakośa】七十五法 9–12，百法 189–190，パーリ文献 16–18

Pañcavijñānakāyasaṃprayuktā bhūmiḥ

【定義的用例】

〔和訳〕

〔鼻に拠る認識の〕拠り所とは如何なるものか。同時に存在する拠り所が**鼻**であり、直前〔の一瞬間〕の拠り所が思考であり、種子の拠り所が〔眼に拠る認識の拠り所になっているのと〕同一の、すべての種子を有するアーラヤ識である。

鼻とは如何なるものか。四元素を原因とする、鼻に拠る認識の拠り所である透明なものであって、指し示すことができず抵触する。思考と種子〔を有するアーラヤ識〕の弁別は、先〔の解説〕と同様である。

〔原文〕

āśrayaḥ katamaḥ. sahabhūr āśrayo **ghrāṇam**, samanantara āśrayo manaḥ, bījâśrayas tad eva sarvabījakam ālayavijñānam.

ghrāṇaṃ katamat. yaś[1] catvāri mahābhūtāny upādāya ghrāṇavijñāna-saṃniśrayo rūpa-prasādaḥ, anidarśanaṃ sapratigham.[2] mano-bījayoḥ pūrvavad vibhāgaḥ.

[1] *yaś* Ms : *yac* YBh　[2] *anidarśanaṃ sapratigham* Ms : *anidarśanaḥ sapratighaḥ* YBh

（YBh 7.5–10, Ms 2b2–3）

〔漢訳〕

彼所依者倶有依謂**鼻**。等無間依謂意。種子依謂一切種子阿頼耶識。

鼻謂四大種所造鼻識所依淨色無見有對。意及種子如前分別。（T 279c15–18）

〔チベット語訳〕

gnas gaṅ źe na / **sna** ni lhan cig 'byuṅ ba'i gnas so // yid ni de ma thag pa'i gnas so // sa bon thams cad pa kun gźi rnam par śes pa de ñid ni sa bon gyi gnas so //

sna gaṅ źe na / gaṅ 'byuṅ ba chen po bźi po dag rgyur byas pa /[1] sna'i rnam par śes pa'i rten po gzugs daṅ ba ste / bstan du med la thogs pa daṅ bcas pa'o // yid daṅ sa bon gyi rnam par dbye ba ni sṅa ma bźin no //

[1] / D : // P　（D 4a1–3, P 4b3–4）

jihvā

【訳例】舌，味覚機能
【漢訳】舌（玄奘）
【チベット語訳】lce
【Bauddhakośa】七十五法 13–16，百法 191–192，パーリ文献 19–21

Pañcavijñānakāyasaṃprayuktā bhūmiḥ

【定義的用例】

〔和訳〕

〔舌に拠る認識の〕拠り所とは如何なるものか。同時に存在する拠り所が**舌**であり、直前〔の一瞬間〕の拠り所が思考であり、種子の拠り所が〔眼に拠る認識の拠り所になっているのと〕同一の、すべての種子を有するアーラヤ識である。

舌とは如何なるものか。四元素を原因とする、舌に拠る認識の拠り所である透明なものであって、指し示すことができず抵触する。思考と種子〔を有するアーラヤ識〕の弁別は、先〔の解説〕と同様である。

〔原文〕

āśrayaḥ katamaḥ. sahabhūr āśrayo **jihvā**, samanantara āśrayo manaḥ, bījâśrayas tad eva sarvabījakam ālayavijñānam.

jihvā katamā. yaś catvāri mahābhūtāny upādāya jihvāvijñāna-saṃniśrayo rūpa-prasādaḥ, anidarśanā sapratighā.[1] mano-bījayoḥ pūrvavad vibhāgaḥ.

[1] *anidarśanā sapratighā* em. : *anidarśanaḥ sapratighaḥ* YBh, *anidarśanā sapratighāḥ* Ms

（YBh 7.21–8.2, Ms 2b5）

〔漢訳〕

彼所依者俱有依謂**舌**。等無間依謂意。種子依謂一切種子阿賴耶識。

舌謂四大種所造舌識所依淨色無見有對。意及種子如前分別。（T 279c25–28）

〔チベット語訳〕

gnas gaṅ źe na / **lce** ni lhan cig 'byuṅ ba'i gnas so // yid ni de ma thag pa'i gnas so // sa bon thams cad pa kun gźi rnam par śes pa de ñid ni sa bon gyi gnas so //

lce gaṅ źe na / gaṅ 'byuṅ ba chen po bźi po dag rgyur byas pa / lce'i rnam par śes pa'i rten po gzugs daṅ ba ste / bstan du med la thogs pa daṅ bcas pa'o // yid daṅ sa bon gyi rnam par dbye ba ni sṅa ma bźin no //（D 4a6–7, P 5a1–2）

kāya

【訳例】身体，触覚機能
【漢訳】身（玄奘）
【チベット語訳】lus
【Bauddhakośa】七十五法 17–20，百法 193–194，パーリ文献 22–24

Pañcavijñānakāyasaṃprayuktā bhūmiḥ

【定義的用例】

〔和訳〕

〔身体に拠る認識の〕拠り所とは如何なるものか。同時に存在する拠り所が**身体**であり、直前〔の一瞬間〕の拠り所が思考であり、種子の拠り所が〔眼に拠る認識の拠り所になっているのと〕同一の、すべての種子を有するアーラヤ識である。
身体とは如何なるものか。四元素を原因とする、身体に拠る認識の拠り所である透明なものであって、指し示すことができず抵触する。思考と種子〔を有するアーラヤ識〕の弁別は、先〔の解説〕と同様である。

〔原文〕

āśrayaḥ katamaḥ. sahabhūr āśrayaḥ **kāyaḥ**, samanantarâśrayo manaḥ, bījâśrayas tad eva sarvabījakam ālayavijñānam.
kāyaḥ katamaḥ. yaś catvāri mahābhūtāny upādāya kāyavijñāna-saṃniśrayo rūpa-prasādaḥ, anidarśanaḥ sapratighaḥ. mano-bījayoḥ pūrvavad vibhāgaḥ.

（YBh 8.14–18, Ms 3a1–2）

〔漢訳〕

彼所依者俱有依謂**身**。等無間依謂意。種子依謂一切種子阿賴耶識。
身謂四大種所造身識所依淨色無見有對。意及種子如前分別。 （T 280a6–9）

〔チベット語訳〕

gnas gaṅ źe na / **lus** ni lhan cig 'byuṅ ba'i gnas so // yid ni de ma thag pa'i gnas so // sa bon thams cad pa kun gźi rnam par śes pa de ñid ni sa bon gyi gnas so //
lus gaṅ źe na / gaṅ 'byuṅ ba chen po bźi po dag rgyur byas pa lus kyi rnam par śes pa'i rten po gzugs daṅ ba ste / bstan du med la thogs pa daṅ bcas pa'o // yid daṅ sa bon gyi rnam par dbye ba ni sṅa ma bźin no //

（D 4b4–5, P 5a7–b1）

rūpa

【訳例】いろかたち，視覚対象
【漢訳】色（玄奘）
【チベット語訳】gzugs
【Bauddhakośa】七十五法 21–23，百法 195–198，パーリ文献 26–29

Pañcavijñānakāyasaṃprayuktā bhūmiḥ

【定義的用例】

〔和訳〕

眼に拠る認識の認識対象とは如何なるものか。指し示すことができ、抵触する**いろかたち**である。

また、それは多種であり、まとめると色彩と形状と〔身体的行為としての〕表示とである。色彩とは如何なるものか。すなわち、青、黄、赤、白、影、日光、明り、暗闇、雲、煙、塵、霧、そして空（そら）も 1 つの色彩である。形状とは如何なるものか。すなわち、長、短、円形、球形、微細、粗大、整、歪、凸、凹である。〔身体的行為としての〕表示とは如何なるものか。すなわち、取る、捨てる、〔関節を〕曲げる、伸ばす、立つ、座る、臥す、行く、帰る云々である。

また、色彩とは如何なるものか。**いろかたち**のように見える、眼に拠る認識の領域である。形状とは如何なるものか。**いろかたち**の集積であり、長さ等を判断するための有り様である。〔身体的行為としての〕表示とは如何なるものか。その同じ集積した**いろかたち**が生滅するとき、〔生滅という〕相反する原因によって、生じた場所に生じず、それ以外の場所に〔時間的には〕直後にであれ間をおいてであれ、〔空間的に〕近く、もしくは遠くに生じることが〔身体的行為としての〕表示と呼ばれる。もしくは、その同じ場所に、変形したものが生じること〔が身体的行為としての表示と呼ばれるの〕である。

そ〔の認識対象〕について、色彩、光、輝きが同義異語である。形状、集積、長、短云々が同義異語である。〔身体的行為としての〕表示、行為、行い、振る舞い、行動、動きが同義異語である。色彩と形状と〔身体的行為としての〕表示とのすべてに関して、眼の領域、眼の対象、眼に拠る認識の領域、眼に拠る認識の対象、眼に拠る認識の認識対象、意識の領域、意識の対象、意識の認識対象が同義異語である。

また、その同じ〔いろかたち〕は、美しい色彩か、きたない色彩か、その両者の間にある、色彩のように見えるものかである。

〔原文〕

cakṣurvijñānasyâlambanaṃ katamat. yad **rūpaṃ** sanidarśanaṃ sapratigham.

tat punar aneka-vidham, samāsato varṇaḥ saṃsthānaṃ vijñaptiś ca. varṇaḥ katamaḥ. tadyathā nīlaṃ pītaṃ lohitam avadātaṃ chāyâtapa āloko 'ndhakāram abhraṃ dhūmo rajo mahikā nabhaś câpy ekavarṇam.[1] saṃsthānaṃ katamat. tadyathā dīrghaṃ hrasvaṃ vṛttaṃ parimaṇḍalam aṇu sthūlaṃ śātaṃ viśātam unnatam avanatam. vijñaptiḥ katamā. tadyathâdānaṃ nikṣepaṇaṃ samiñjitaṃ prasāraṇaṃ[2] sthānaṃ niṣadyā śayyâbhikramaḥ pratikrama[3] ity evamādiḥ.

api khalu varṇaḥ katamaḥ. yo **rūpa**-nibhaś cakṣurvijñāna-gocaraḥ. saṃsthānaṃ katamat. yo **rūpa**-pracayo dīrghâdi-paricchedâkāraḥ. vijñaptiḥ katamā. tasyâiva pracitasya **rūpasyô**-tpanna-niruddhasya vairodhikena kāraṇena janma-deśe cânutpattis tadanya-deśe ca nirantare vā[4] sāntare vā, saṃnikṛṣṭe viprakṛṣṭe vôtpattir vijñaptir ity ucyate. tasminn eva vā deśe vikṛtôtpattiḥ.[5]

tatra varṇa ābhâvabhāsa iti paryāyāḥ. saṃsthānaṃ pracayo dīrghaṃ hrasvam ity evamādayaḥ paryāyāḥ. vijñaptiḥ karma kriyā ceṣṭêhā parispanda iti paryāyāḥ. sarvāsāṃ varṇa-saṃsthāna-vijñaptīnāṃ cakṣur-gocaraś cakṣur-viṣayaś cakṣurvijñāna-gocaraś cakṣurvijñāna-viṣayaś cakṣurvijñānâlambanaṃ manovijñāna-gocaro manovijñāna-viṣayo manovijñānâlambanam iti paryāyāḥ.

punas tad eva suvarṇaṃ vā durvarṇaṃ vā tadubhayântara-sthāyi vā varṇa-nibham.

[1] *cāpy ekavarṇam* Ms : *caikavarṇam* YBh [2] *prasāraṇaṃ* Ms : om. YBh [3] *pratikrama* em. (cf. *ldog pa* Tib., *abhikramapratikrame* ŚrBh 86*.2) : *atikrama* YBh Ms [4] *vā* Ms : om. YBh [5] *votpattir vijñaptir ity ucyate. tasminn eva vā deśe vikṛtotpattiḥ* Ms : *vā tasminn eva vā deśe 'vikṛtotpattir vijñaptir ity ucyate* YBh

(YBh 4.12–5.11, Ms 1b5–2a3)

〔漢訳〕

彼所縁者謂**色**有見有對。

此復多種。略說有三。謂顯色形色表色。顯色者謂青黄赤白光影明闇雲煙塵霧及空一顯色。形色者謂長短方圓麁細正不正高下色。表色者謂取捨屈伸行住坐臥如是等色。

又顯色者謂若**色**顯了眼識所行。形色者謂若**色**積集長短等分別相。表色者謂即此積集**色**生滅相續由變異因於先生處不復重生轉於異處或無間或有間或近或遠差別生。或即於此處變異生。是名表色。

又顯色者謂光明等差別。形色者謂長短等積集差別。表色者謂業用爲依轉動差別。如是一切顯形表色是眼所行眼境界眼識所行眼識境界眼識所縁意識所行意識境界意識所縁名之差別。又即此色復有三種。謂若好顯色若惡顯色若俱異顯色似色顯現。

(T 279b3–19)

〔チベット語訳〕

mig gi rnam par śes pa'i dmigs pa gaṅ że na / **gzugs** gaṅ bstan du yod ciṅ thogs pa daṅ bcas pa'o //

de yaṅ rnam pa du ma yod do //[1] mdor na kha dog daṅ [2] dbyibs daṅ rnam par rig [3] byed do // kha dog gaṅ źe na / 'di lta ste / sṅon po daṅ / ser po daṅ / dmar po daṅ / dkar po daṅ /[4] grib ma daṅ / ñi ma daṅ / snaṅ ba daṅ / mun pa daṅ / sprin daṅ / du ba daṅ / rdul daṅ / khug rna daṅ / nam mkha' kha dog gcig pa'o // dbyibs gaṅ źe na / 'di lta ste / riṅ po daṅ / thuṅ ṅu daṅ / lham pa daṅ / zlum po daṅ / rdul phra mo daṅ / rags pa daṅ / phyal le ba daṅ / phyal le ba ma yin pa daṅ / mthon po daṅ / dma' ba'o // rnam par rig byed gaṅ źe na / 'di lta ste / len pa daṅ /[5] 'jog pa daṅ / bskum pa daṅ / brkyaṅ ba daṅ / 'greṅ ba daṅ / 'dug pa daṅ / ñal ba daṅ / 'gro ba daṅ / ldog pa daṅ / de la sogs pa'o //[6]

yaṅ kha dog gaṅ źe na / gaṅ **gzugs** daṅ 'dra ba mig gi rnam par śes pa'i spyod yul du gyur pa'o // dbyibs gaṅ źe na / gaṅ **gzugs** rgyas par riṅ po la sogs par yoṅs su bcad[7] pa'i rnam pa'o // rnam par rig byed gaṅ źe na / rgyas pa'i **gzugs** skyes pa 'gags pa de ñid mi mthun pa'i rgyus skyes pa'i phyogs su mi 'byuṅ ba daṅ / de las gźan pa'i phyogs su yaṅ / bar du ma chod pa'am / bar du chod pa daṅ bcas pa'am / ñe ba'am riṅ bar 'byuṅ ba daṅ / phyogs de ñid du yaṅ mi 'gyur ba 'byuṅ ba ni rnam par rig byed ces bya'o //[8]

de la kha dog ni snaṅ ba daṅ gsal ba daṅ źes bya ba'i rnam graṅs su gtogs pa'o // dbyibs ni rgyas pa daṅ / riṅ po daṅ / thuṅ ṅu źes bya ba la sogs pa'i rnam graṅs su gtogs pa'o // rnam par rig byed ni las daṅ byed pa daṅ / spyod pa daṅ / g-yo ba daṅ / yoṅs su g-yo ba źes bya ba'i rnam graṅs su gtogs pa'o // kha dog daṅ dbyibs daṅ [9] rnam par rig byed thams cad kyaṅ mig gi spyod yul daṅ / mig gi yul daṅ / mig gi rnam par śes pa'i spyod yul daṅ / mig gi rnam par śes pa'i yul daṅ / mig gi rnam par śes pa'i dmigs pa daṅ / yid kyi rnam par śes pa'i spyod yul daṅ / yid kyi rnam par śes pa'i yul daṅ /[10] yid kyi rnam par śes pa'i dmigs pa źes bya ba'i rnam graṅs su gtogs pa'o //

yaṅ de ñid kha dog bzaṅ po daṅ / kha dog ṅan pa daṅ / de gñi ga'i bar ma dor gnas pa kha dog lta bu'o //

[1] *do* // D : *de* / P [2][9] / add. P [3] *par* add. P [4] / P : // D [5] / D : om. P [6] // D : / P [7] *bcad* D : *gcad* P [8] // D : om. P [10] *yid kyi rnam par śes pa'i yul daṅ* / D : om. P

(D 2b2–3a4, P 3a2–b3)

śabda

【訳例】音声，聴覚対象
【漢訳】聲（玄奘）
【チベット語訳】sgra
【Bauddhakośa】七十五法 24–27，百法 199–202，パーリ文献 30–32

Pañcavijñānakāyasaṃprayuktā bhūmiḥ

【定義的用例】

〔和訳〕

〔耳に拠る認識の〕認識対象とは如何なるものか。指し示すことができず抵触する種々の**音声**である。すなわち、法螺貝の**音声**や太鼓の**音声**や大太鼓の**音声**や小鼓の**音声**、舞踊の**音声**や歌謡の**音声**や楽器の**音声**や役者の**音声**、女性の**音声**や男性の**音声**、風や木の**音声**、明瞭な〔音声〕と不明瞭な〔音声〕、意味をもつ〔音声〕と意味をもたない〔音声〕、小さな〔音声〕と中くらいの〔音声〕と大きな〔音声〕、河の**音声**、喧騒の**音声**、受持と読誦や説示や論議と決択の**音声**、以上このような類の多くの**音声**である。

またそ〔の音声〕は、有知覚的〔な存在を構成する〕元素を原因とするものと、無知覚的〔な存在を構成する〕元素を原因とするものと、有知覚的〔な存在を構成する元素〕および無知覚的〔な存在を構成する〕元素を原因とするものとである。それら〔3 つ〕の中で、1 つめが内的な縁をもつもののみであり、2 つめが外的な縁をもつもののみであり、3 つめが内的〔な縁〕および外的な縁をもつものである。

また、そ〔の音声〕は、心地よい〔音声〕と、心地よくない〔音声〕と、そのどちらでもない〔音声〕とである。

そ〔の認識対象〕について、**音声**、鳴き声、音、語呂、咆哮、言語〔的行為としての〕表示が同義異語である。耳の領域、耳の対象、耳に拠る認識の領域、耳に拠る認識の対象、耳に拠る認識の認識対象、意識の領域、意識の対象、意識の認識対象が同義異語である。

〔原文〕

ālambanaṃ katamat. **śabdā** anekavidhā anidarśanāḥ sapratighāḥ. tadyathā śaṅkha-**śabdaḥ** paṭaha-**śabdo** bherī-**śabdo** mr̥daṅga-**śabdaḥ**, nr̥tta-**śabdo**[1] gīta-**śabdo** vādita-**śabda** āḍambara-**śabdaḥ**, strī-**śabdaḥ** puruṣa-**śabdo** vāyu-vanaspati-**śabdo** vyakto 'vyaktaḥ sârthako nirarthakaḥ parītto madhya uccaḥ, nadī-**śabdaḥ** kalakala-**śabdaḥ**, uddeśa-svādhyāya-deśanā-sāṃkathya-viniścaya-**śabda**[2] ity evaṃbhāgīyā bahavaḥ **śabdāḥ**.

sa punar upātta-mahābhūta-hetuko 'nupātta-mahābhūta-hetuka upāttânupātta-mahābhūta-hetukaś ca.[3] tatra prathamo yo 'dhyātma-pratyaya eva, dvitīyo yo bāhya-pratyaya eva,

tr̥tīyo ya ādhyātmika-bāhya-pratyayaḥ.[4]
sa punar mānāpiko 'mānāpikas tadubhaya-viparītaś ca.
tatra **śabdo** ghoṣaḥ svaro niruktir nādo vāg-vijñaptir iti paryāyāḥ. śrotra-gocaraḥ śrotra-viṣayaḥ śrotravijñāna-gocaraḥ śrotravijñāna-viṣayaḥ śrotravijñānâlambanaṃ manovijñāna-gocaro manovijñāna-viṣayo manovijñānâlambanam iti paryāyāḥ.

[1] *nr̥tta°* Ms : *nr̥tya°* YBh [2] *°viniścaya°* Ms : *°vinirṇaya°* YBh [3] *°hetukaś ca* Ms (unclear) : *hetukaś caḥ* YBh [4] *ya ādhyātmikabāhyapratyayaḥ* em. : *yo bāhyādhyātmapratyaya eva* YBh, *yam adhyātmikabāhyapratyayaḥ* Ms

(YBh 6.9–7.2, Ms 2a6–b2)

〔漢訳〕

彼所縁者謂**聲**無見有對。此復多種。如螺貝**聲**大小鼓**聲**舞**聲**歌**聲**諸音樂**聲**俳戲叫**聲**女**聲**男**聲**風林等**聲**明了**聲**不明了**聲**有義**聲**無義**聲**下中上**聲**江河等**聲**鬪諍諠雜**聲**受持演説**聲**論義決擇**聲**。如是等類有衆多**聲**。
此略三種。謂因執受大種**聲**因不執受大種**聲**因執受不執受大種**聲**。初唯内縁**聲**。次唯外縁**聲**。後内外縁**聲**。
此復三種。謂可意**聲**不可意**聲**倶相違**聲**。
又復**聲**者謂鳴音詞吼表彰語等差別之名。是耳所行耳境界耳識所行耳識境界耳識所縁意識所行意識境界意識所縁。

(T 279c2–14)

〔チベット語訳〕

dmigs pa gaṅ źe na / **sgra** rnam pa du ma bstan du med la thogs pa daṅ bcas pa dag ste / 'di lta ste / duṅ gi **sgra** daṅ / rṅa bo che'i **sgra** daṅ / rdza rṅa'i **sgra** daṅ / gar byed pa'i **sgra** daṅ / glu'i **sgra** daṅ / rol mo'i **sgra** daṅ / rṅa bo che'i **sgra** daṅ / bud med kyi **sgra** daṅ / skyes pa'i **sgra** daṅ / rluṅ daṅ śiṅ gi **sgra** daṅ / gsal ba daṅ / mi gsal ba daṅ / don daṅ ldan pa daṅ / don med pa daṅ / chuṅ ṅu daṅ /[1] 'briṅ daṅ /[2] chen po daṅ / chu kluṅ gi **sgra** daṅ / ca co'i **sgra** daṅ / luṅ nod pa'i **sgra** daṅ / kha ton byed pa'i **sgra** daṅ / 'chad pa'i **sgra** daṅ / 'bel ba'i gtam daṅ / rnam par gtan la 'bebs pa'i **sgra** daṅ / de lta bu daṅ mthun[3] pa'i **sgra** maṅ po dag go //
de yaṅ zin pa'i 'byuṅ ba chen po'i rgyu las byuṅ ba daṅ / ma zin pa'i 'byuṅ ba chen po'i rgyu las byuṅ ba daṅ / zin pa daṅ ma zin pa'i 'byuṅ ba chen po'i rgyu las byuṅ ba'o //[4] de la daṅ po ni gaṅ naṅ[5] rkyen du gyur pa ñid do // gñis pa ni gaṅ phyi rol rkyen du gyur pa ñid do // gsum pa ni gaṅ naṅ daṅ phyi rkyen du gyur pa ñid do //
de yaṅ yid du 'oṅ ba daṅ / yid du mi 'oṅ ba daṅ / de gñi ga las bzlog pa'o //
de la **sgra** daṅ / dbyaṅs daṅ / ṅa ro daṅ / ṅes pa'i tshig daṅ / sgra skad daṅ / tshig gi rnam par rig byed ni rnam graṅs su gtogs pa'o // rna ba'i spyod yul daṅ / rna ba'i yul daṅ / rna ba'i rnam

par śes pa'i spyod yul daṅ / rna ba'i rnam par śes pa'i yul daṅ / rna ba'i rnam par śes pa'i dmigs pa daṅ / yid kyi rnam par śes pa'i spyod yul daṅ / yid kyi rnam par śes pa'i yul daṅ / yid kyi rnam par śes pa'i dmigs pa rnams ni rnam graṅs su gtogs pa'o //

1) 2) / D : om. P 3) *mthun* D : *'thun* P 4) *ba'o* // D : *ba daṅ* / P 5) *naṅ* D : *na* P

(D 3b2–4a1, P 4a3–b2)

gandha

【訳例】におい，香り，嗅覚対象
【漢訳】香（玄奘）
【チベット語訳】dri
【Bauddhakośa】七十五法 28–29, 百法 203–205, パーリ文献 33–35

Pañcavijñānakāyasaṃprayuktā bhūmiḥ

【定義的用例】

〔和訳〕

〔鼻に拠る認識の〕認識対象とは如何なるものか。指し示すことができず抵触する種々の**におい**であって、好い**におい**か、悪い**におい**か、〔どちらにも〕偏らない**におい**である、諸々のにおう対象、すなわち、根の**におい**、茎の**におい**、葉の**におい**、花の**におい**、果実の**におい**云々の多くの**におい**である。
そ〔の認識対象〕について、**におい**、におう対象、嗅がれるもの、嗅ぐ対象云々が同義異語である。鼻の領域、鼻の対象、鼻に拠る認識の領域、鼻に拠る認識の対象、鼻に拠る認識の認識対象、意識の領域、意識の対象、意識の認識対象が同義異語である。

〔原文〕

ālambanaṃ katamat. **gandhā** anekavidhā anidarśanāḥ sapratighāḥ, su**gandhā** vā dur**gandhā** vā sama**gandhā** vā ghrāṇīyās tadyathā mūla-**gandhaḥ** sāra-**gandhaḥ** pattra-**gandhaḥ** puṣpa-**gandhaḥ** phala-**gandha** ity evamādayo bahavo **gandhāḥ**.
tatra **gandho** ghrāṇīyo jighraṇīya āghrātavya ity evamādayaḥ paryāyāḥ. ghrāṇa-gocaro ghrāṇa-viṣayo ghrāṇavijñāna-gocaro ghrāṇavijñāna-viṣayo ghrāṇavijñānâlambanaṃ manovijñāna-gocaro manovijñāna-viṣayo manovijñānâlambanam iti paryāyāḥ.

（YBh 7.11–18, Ms 2b3–4）

〔漢訳〕

彼所縁者謂**香**無見有對。此復多種。謂好**香**惡**香**平等**香**鼻所嗅如根莖華葉果實之**香**。如是等類有衆多**香**。
又**香**者謂鼻所聞鼻所取鼻所嗅等差別之名。是鼻所行鼻境界鼻識所行鼻識境界鼻識所縁意識所行意識境界意識所縁。

（T 279c18–24）

〔チベット語訳〕

dmigs pa gaṅ źe na / **dri** rnam pa du ma bstan du med la thogs pa daṅ bcas pa dag ste / **dri** źim pa'am / **dri** ṅa ba'am / **dri** mñam pa bsnam par bya ba 'di lta ste / rtsa ba'i **dri** daṅ / sñiṅ po'i **dri** daṅ / lo ma'i **dri** daṅ / me tog gi **dri** daṅ / 'bras bu'i **dri** la sogs pa **dri** maṅ po dag go //

de la **dri** daṅ /[1] bsnam pa daṅ / bsnam par bya ba daṅ / [2] kun tu bsnam par bya ba la sogs pa ni rnam graṅs su gtogs pa'o // sna'i spyod yul daṅ / sna'i yul daṅ / sna'i rnam par śes pa'i spyod yul daṅ / sna'i rnam par śes pa'i yul daṅ / sna'i rnam par śes pa'i dmigs pa daṅ / yid kyi rnam par śes pa'i spyod yul daṅ / yid kyi rnam par śes pa'i yul daṅ / yid kyi rnam par śes pa'i dmigs pa ni rnam graṅs su gtogs pa'o //

[1] / D : om. P [2] *kun tu bsnam par bya ba daṅ* / add. P

（D 4a3–5, P 4b4–8）

rasa

【訳例】味，味覚対象
【漢訳】味（玄奘）
【チベット語訳】ro
【Bauddhakośa】七十五法 30–31，百法 206–208，パーリ文献 36–38

Pañcavijñānakāyasaṃprayuktā bhūmiḥ

【定義的用例】

〔和訳〕

〔舌に拠る認識の〕認識対象とは如何なるものか。指し示すことができず抵触する種々の**味**である。

また、それら〔の味〕は、苦さと酸っぱさと辛さと渋さと塩辛さと甘さであり、心地よい諸々〔の味わう対象〕か、心地よくない諸々〔の味わう対象〕か、〔心が〕平静であることに適した諸々の味わう対象である。

そ〔の味〕について、**味**、味わう対象、呑込む対象、食べ物、飲み物、嘗める物、吸い物、享受対象云々が同義異語である。舌の領域、舌の対象、舌に拠る認識の領域、舌に拠る認識の対象、舌に拠る認識の認識対象、意識の領域、意識の対象、意識の認識対象が同義異語である。

〔原文〕

ālambanaṃ katamat. **rasā** anekavidhā anidarśanāḥ sapratighāḥ.

te punas tiktâmla-kaṭu-kaṣāya-lavaṇa-madhurāḥ, mānāpikā vâmānāpikā vôpekṣā-sthānīyāḥ svādanīyāḥ.

tatra **rasaḥ** svādayitavyo 'bhyavahartavyo bhojyaṃ peyaṃ lehyaṃ coṣyam[1] upabhogyam ity evamādayaḥ[2] paryāyāḥ. jihvā-gocaro jihvā-viṣayo jihvāvijñāna-gocaro jihvāvijñāna-viṣayo jihvāvijñānâlambanaṃ manovijñāna-gocar manovijñāna-viṣayo manovijñānâlambanam iti paryāyāḥ.

[1] *coṣyam* Ms : *cūṣyam* YBh　[2] *evamādayaḥ* Ms : om. YBh

（YBh 8.4–7, Ms 2b5–3a1）

〔漢訳〕

彼所縁者謂**味**無見有對。

此復多種。謂苦酢辛甘鹹淡可意不可意若捨處所舌所嘗。

又**味**者謂應嘗應吞應噉應飲應舐應吮應受用如是等差別之名。是舌所行舌境界舌識所行舌識境界舌識所縁意識所行意識境界意識所縁。

（T 279c28–280a5）

〔チベット語訳〕

dmigs pa gaṅ źe na / **ro** rnam pa du ma bstan du med la thogs pa daṅ bcas pa dag ste / de dag kyaṅ ro kha ba daṅ / skyur ba daṅ / tsha ba daṅ / bska ba daṅ / lan tshwa'i ro daṅ /[1] mṅar ba ste / yid du 'oṅ ba daṅ / yid du mi 'oṅ ba daṅ / btaṅ sñoms kyi gnas myaṅ bar bya ba dag go //

de la **ro** daṅ / myaṅ bar bya ba daṅ / mid par bya ba daṅ / bza' ba daṅ / btuṅ ba daṅ / bldag[2] pa daṅ / gźib[3] pa daṅ / ñe bar spyad pa la sogs pa ni rnam graṅs su gtogs pa'o // lce'i spyod yul daṅ / lce'i yul daṅ / lce'i rnam par śes pa'i spyod yul daṅ / lce'i rnam par śes pa'i yul daṅ / lce'i rnam par śes pa'i dmigs pa daṅ / yid kyi rnam par śes pa'i spyod yul daṅ / yid kyi rnam par śes pa'i yul daṅ / yid kyi rnam par śes pa'i dmigs pa ni rnam graṅs su gtogs pa'o //

[1] / D : om. P　[2] *bldag* D : *ldag* P　[3] *gźib* D : *bźib* P

（D 4a7–b3, P 5a3–6）

sprașṭavya

【訳例】触覚対象
【漢訳】觸（玄奘）
【チベット語訳】reg bya
【Bauddhakośa】七十五法 32–33, 百法 209–212, パーリ文献 39–40

Pañcavijñānakāyasaṃprayuktā bhūmiḥ

【定義的用例】

〔和訳〕

〔身体に拠る認識の〕認識対象とは如何なるものか。指し示すことができず抵触する種々の**触覚対象**である。すなわち、地、水、火、風〔という四元素と〕、軽さ、重さ、滑らかさ、粗さ、冷たさ、飢え、渇き、満腹感、強さ、弱さ、病と老いと死、痒さ、気絶、粘性、疲労、回復、柔らかさ、快活さ云々の類の多種の**触覚対象**である。
また、そ〔の触覚対象〕は、好い接触〔を伴う接触対象〕か、悪い接触〔を伴う接触対象〕か、〔心が〕平静であることに適した接触対象である。
そ〔の認識対象〕について、**触覚対象**、接触されるもの、接触対象、固体、液体、動き、熱云々が同義異語である。身体の領域、身体の対象、身体に拠る認識の領域、身体に拠る認識の対象、身体に拠る認識の認識対象、意識の領域、意識の対象、意識の認識対象が同義異語である。

〔原文〕

ālambanaṃ katamat. **sprașṭavyam** anekavidham anidarśanaṃ sapratigham. tadyathā pr̥thivy āpas tejo vāyuḥ, laghutvaṃ gurutvaṃ ślakṣṇatvaṃ karkaśatvaṃ śītaṃ jighatsā pipāsā tr̥ptiḥ, balaṃ daurbalyaṃ vyādhi-jarā-maraṇaṃ[1] kaṇḍūr mūrchā picchilaṃ śramo viśramo mr̥dutvam ūrjā cêty[2] evaṃbhāgīyaṃ bahuvidhaṃ **sprașṭavyam**.
tat punaḥ susaṃsparśaṃ vā dussaṃsparśaṃ vôpekṣā-sthānīyaṃ vā sparśanīyam.
tatra **sprașṭavyaṃ** spr̥śyaṃ sparśanīyaṃ kharaṃ dravaṃ calam uṣṇam ity evamādayaḥ[3] paryāyāḥ. kāya-gocaraḥ kāya-viṣayaḥ kāyavijñāna-gocaraḥ kāyavijñāna-viṣayaḥ kāya-vijñānâlambanaṃ manovijñāna-gocaro manovijñānaviṣayo manovijñānâlambanam iti paryāyāḥ.

[1] *vyādhijarāmaraṇaṃ* Ms : *vyādhir jarā maraṇaṃ* YBh [2] *ūrjā cety* Ms : *rjava(?) ity* YBh
[3] *ity evamādayaḥ* Ms : *ityādayaḥ* YBh

（YBh 8.19–9.7, Ms 3a2–4）

〔漢訳〕

彼所縁者謂**觸**無見有對。

此復多種。謂地水火風輕性重性滑性澁性冷飢渴飽力劣緩急病老死蛘悶粘疲息軟怯[1] 勇如是等類有衆多**觸**。

此復三種。謂好觸惡觸捨處所觸身所觸。

又**觸**者謂所摩所觸若鞕若軟若動若煖如是等差別之名。是身所行身境界身識所行身識境界身識所縁意識所行意識境界意識所縁。

[1] 「軟怯」に関して、〔原文〕の mṛdutva との対応を踏まえ、㊂㊪の異読に従って軟性として読む。

（T 280a9–17）

〔チベット語訳〕

dmigs pa gaṅ źe na / **reg bya** rnam pa bstan du med la thogs pa daṅ bcas pa dag ste / 'di lta ste / sa daṅ /[1] chu daṅ /[2] me daṅ / rluṅ daṅ / yaṅ ba ñid daṅ / lci ba ñid daṅ / 'jam pa ñid daṅ / rtsub pa ñid daṅ / graṅ ba daṅ / bkres pa daṅ / skom pa daṅ / ṅoms pa daṅ / ñams stobs[3] daṅ / ñam chuṅ ba daṅ / nad daṅ / rga ba daṅ / 'chi ba daṅ / g-ya' ba daṅ / brgyal ba daṅ / 'dred pa daṅ / ṅal ba daṅ / ṅal sos pa daṅ / nem nem po ñid daṅ / mdaṅs bzaṅ ba daṅ / de lta bu daṅ mthun[4] pa'i **reg bya** rnam pa maṅ po dag go //

de yaṅ reg na bde ba daṅ / reg na sdug bsṅal ba daṅ / btaṅ sñoms kyi[5] gnas kyi reg par bya'o //

de la **reg bya** daṅ / reg pa daṅ / reg par bya ba daṅ / rtsub pa daṅ / rlan pa daṅ / g-yo ba daṅ / dro ba la sogs pa ni rnam graṅs su gtogs pa'o // lus kyi spyod yul daṅ / lus kyi yul daṅ / lus kyi rnam par śes pa'i spyod yul daṅ / lus kyi rnam par śes pa'i yul daṅ / lus kyi rnam par śes pa'i dmigs pa daṅ / yid kyi rnam par śes pa'i spyod yul daṅ / yid kyi rnam par śes pa'i yul daṅ / yid kyi rnam par śes pa'i dmigs pa ni rnam graṅs su gtogs pa'o //

[1] [2] / D : om. P　[3] *ñams stobs* D : *ñam stabs* P　[4] *mthun* D : *'thun* P　[5] *kyi* P : *kyis* D

（D 4b5–5a2, P 5b1–6）

prāpti

【訳例】獲得
【漢訳】得（玄奘），至（真諦）
【チベット語訳】'thob pa
【Bauddhakośa】七十五法 156–158，百法 215–218，パーリ文献 208–211

Pañcavijñānakāyasaṃprayuktamanobhūmiviniścaya

【定義的用例】

〔和訳〕（チベット語訳より）

獲得（*prāpti）と取得（*pratilambha）と具備（*samanvāgama）とは如何なるものか。まとめると、生起の条件によって包摂されて種子が増大したことが、**獲得**と呼ばれる。そうした観点によって、**獲得**もまた概念設定としての存在であると知るべきである。…

（サンスクリット原典なし）

〔漢訳〕

復次云何**得**獲成就。謂若略説、生縁攝受増盛之因説名爲**得**。由此道理當知**得**是假有。…

（『瑜伽師地論』T 586c25–27）

略説生縁所攝自因具足、是名爲**至**。何者爲**至**。似因略故因縁具足。是以得生。故名爲**至**。…

（『決定藏論』T 1024a22–23）

〔チベット語訳〕

'thob pa daṅ rñed pa daṅ ldan pa gaṅ źe na / mdor bsdu na 'byuṅ ba'i rkyen gyis yoṅs su zin ciṅ sa bon yoṅs su brtas[1] pa ni **'thob pa** źes bya ste / rnam graṅs des na **'thob pa** yaṅ btags pa'i yod pa yin par rig par bya'o // …

[1] *brtas* D : *rtag* P

（D źi 22a3–4, P zi 24b7–8）

【定義的用例】

〔和訳〕（チベット語訳より）

獲得は如何なる状態に対する概念設定か、**獲得**には何種あるのか。答える。原因の勢力が顕勢化する状態に対してである。〔また、〕3 種ある。すなわち、種子の具備と、勢力の具備と、顕勢化の具備とである。

（サンスクリット原典なし）

〔漢訳〕

問。依何分位建立**得**、此復幾種。答。依因自在現行分位、建立**得**。此復三種。謂種子成就、自在成就、現行成就。

（T 607a22–24）

〔チベット語訳〕

'thob pa gnas skabs gaṅ la gdags / **'thob pa** la rnam pa du yod ce na / smras pa / rgyu'i dbaṅ kun tu 'byuṅ ba'i gnas[1)] skabs la'o // rnam pa gsum ste / 'di lta ste / sa bon daṅ ldan pa daṅ / dbaṅ daṅ ldan pa daṅ / kun tu spyod pa daṅ ldan pa'o //

[1)] *gnas* D : om. P

（D źi 72b5–6, P zi 76a6–7）

jīvitendriya

【訳例】生命力
【漢訳】命根（玄奘，真諦）
【チベット語訳】srog gi dbaṅ po
【Bauddhakośa】七十五法 173–174，百法 219–221，パーリ文献 216–218

Pañcavijñānakāyasaṃprayuktamanobhūmiviniścaya

【定義的用例】

〔和訳〕（チベット語訳より）

さて、**生命力**とは如何なるものか。前世の行為によって、それぞれ〔の生存状態〕において、発現した自己存在（身体）が存続する、投げ込まれた期間の制限が、寿命、生命、**生命力**と呼ばれる。…

（サンスクリット原典なし）

〔漢訳〕

復次云何**命根**。謂由先業、於彼彼處所生自體所有住時限量勢分、説名爲壽、生氣、**命根**。…
（『瑜伽師地論』T 587a21–23）

何者**命根**。依過去業、處處受身爲業所牽有量時住、以此牽命、即名**命根**。…
（『決定藏論』T 1024b15–17）

〔チベット語訳〕

de la **srog gi dbaṅ po** gaṅ źe na sṅon gyi las kyis de daṅ der lus mṅon par grub pa gnas pa'i dus ṅes pa 'phaṅs pa ni tshe daṅ srog[1] daṅ **srog gi dbaṅ po** źes bya'o // …

[1] *srog* D : *srogs* P

（D źi 22b5–6, P zi 25b2–3）

【定義的用例】

〔和訳〕（チベット語訳より）

生命力は如何なる状態に対する概念設定か、それは何種あるのか。答える。〔前世の〕行為によって投げ込まれた、異熟の存続する期間が制限された状態に対してである。それ（生命力）もまた〔獲得 prāpti と同様に〕3 種である。確定したものと不確定なもの、好ましいものと好ましくないもの、年数と劫数の設定という点からである。

（サンスクリット原典なし）

〔漢訳〕

問。依何分位建立**命根**、此復幾種。答。依業所引異熟住時決定分位、建立**命根**。此復三種。謂定不定故。愛非愛故。歳劫數等所安立故。

（T 607b15–18）

〔チベット語訳〕

srog gi dbaṅ po gnas skabs gaṅ la gdags / de rnam pa du yod ce na / smras pa / las kyis 'phaṅs pa'i rnam par smin pa gnas pa'i dus ṅes pa'i gnas skabs la'o // de yaṅ rnam pa gsum ste / ṅes pa daṅ / ma ṅes pa daṅ / 'dod pa daṅ / mi 'dod pa daṅ / lo daṅ bskal pa'i graṅs rnam par gźag pa las so //

（D źi 73a6–7, P zi 76b7–8）

nikāyasabhāga

【訳例】集団の同類性
【漢訳】衆同分（玄奘），〔衆生〕種類似分（真諦）
【チベット語訳】ris mthun pa
【Bauddhakośa】百法 222–224; cf. 七十五法 161–163

Pañcavijñānakāyasaṃprayuktamanobhūmiviniścaya

【定義的用例】

〔和訳〕（チベット語訳より）

さて、**集団の同類性**とは如何なるものか。まとめると、それぞれの生まれる領域において、〔三界の〕界が等しく、趣く所が等しく、生まれの出処が等しい諸々の生き物存在に関して、家系や歳や本性や大きさが等しいなど、それぞれの部分が相似していること、それが**集団の同類性**であり、生き物存在の同類性とも呼ばれる。…

（サンスクリット原典なし）

〔漢訳〕

復次云何**衆同分**。謂若略説、於彼彼處受生有情同界同趣同生同類位性形等、由彼彼分互相似性、是名**衆同分**。亦名有情同分。…

（『瑜伽師地論』T 587b10–13）

何者**衆生種類似分**。略説、處處受生諸衆生類同界同道同生同類同年同姓長短等行、以依此分是諸相似、是名**衆生種類似分**。…

（『決定蔵論』T 1024b28–c2）

〔チベット語訳〕

de la **rigs**[1] **mthun pa** gaṅ źe na / mdor bsdu na skye ba'i gnas de daṅ der sems can khams mtshuṅs pa daṅ 'gro ba mtshuṅs pa daṅ / skye gnas mtshuṅs pa rnams kyi rigs daṅ na tshod daṅ / raṅ bźin daṅ boṅ tshod mtshuṅs pa la sogs pa yan lag de daṅ des 'dra ba gaṅ yin pa de ni **ris mthun pa** ste / sems can mthun pa źes kyaṅ bya'o // …

[1] sic! (Read as *ris*.)

（D źi 23a5–7, P zi 26a2–3）

【定義的用例】

〔和訳〕（チベット語訳より）

集団の同類性は如何なる状態に対する概念設定か、それは何種あるのか。答える。生き物存在が相似するという状態に対してである。〔それもまた〕3 種である。生まれという点で同類であることと、本性という点で同類であることと、技術や職業の分野に拠る生活という点で同類であることである。

（サンスクリット原典なし）

〔漢訳〕

問。依何分位建立**衆同分**、此復幾種。答。依諸有情相似分位、立**衆同分**。此復三種。所謂種類同分、自性同分、工巧業處養命同分。

（T 607b18–21）

〔チベット語訳〕

ris mthun pa gnas skabs gaṅ la gdags /[1] de rnam pa du yod ce na / smras pa / sems can 'dra ba'i gnas skabs la'o // rnam pa gsum ste / skye ba rigs mthun pa daṅ / raṅ bźin rigs mthun pa daṅ / bzo daṅ las kyi gnas kyis 'tsho ba'i rigs[2] mthun pa'o //

[1] / D : om. P　[2] *rigs* D : *ris* P

（D źi 73a7–b1, P zi 77a1–2）

pṛthagjanatva

【訳例】凡人であること
【漢訳】異生性（玄奘），凡夫性（真諦）
【チベット語訳】so so'i skye bo ñid
【Bauddhakośa】百法 225–227

Pañcavijñānakāyasaṃprayuktamanobhūmiviniścaya

【定義的用例】

〔和訳〕（チベット語訳より）

さて、**凡人であること**とは如何なるものか。三界に属する範囲にある、見〔道〕で断たれるべき存在要素の諸々の種子を未だ根絶していない限りのこと、それが**凡人であること**と呼ばれる。…

（サンスクリット原典なし）

〔漢訳〕

復次云何**異生性**。謂三界見所斷法種子唯未永害量、名**異生性**。…

（『瑜伽師地論』T 587b25–26）

凡夫性者、三界見苦所斷煩惱種子未斷、名**凡夫性**。…

（『決定蔵論』T 1024c11–12）

〔チベット語訳〕

de la **so so'i skye bo ñid** gaṅ że na / khams gsum na spyod pa'i mthoṅ bas spaṅ bar bya ba'i chos kyi sa bon rnams yaṅ dag par ma bcom pa tsam gaṅ yin pa de ni **so so'i skye bo ñid** ces bya'o // …

（D źi 23b4–5, P zi 26b1–2）

【定義的用例】

〔和訳〕（チベット語訳より）

凡人であることは如何なる状態に対する概念設定か、何種あるのか。答える。出世間の聖者の性質を未だ生じていない状態に対してである。〔それもまた〕3 種である。欲〔界〕の範囲にあるものと、色〔界〕の範囲にあるものと、無色〔界〕の範囲にあるものとである。

（サンスクリット原典なし）

〔漢訳〕

問。依何分位建立**異生性**、此復幾種。答。依未生起一切出世聖法分位、建立**異生性**。此復三種。謂欲界繫、色界繫、無色界繫。

（T 607c8–10）

〔チベット語訳〕

so so'i skye bo ñid[1)] gnas skabs gaṅ la gdags / rnam pa du yod ce na / smras pa / 'jig rten las 'das pa 'phags pa'i chos ma bskyed pa'i gnas skabs la'o // rnam pa gsum ste / 'dod pa na spyod pa daṅ / gzugs na spyod pa daṅ / gzugs med pa na spyod pa'o //

[1)] *ñid* D : om. P

（D źi 73b6–7, P zi 77a8–b1）

asaṃjñisamāpatti

【訳例】無想念の心統一
【漢訳】無想定（玄奘，真諦）
【チベット語訳】'du śes med pa'i sñoms par 'jug pa
【Bauddhakośa】七十五法 167–169, 百法 228–232

Pañcavijñānakāyasaṃprayuktamanobhūmiviniścaya

【定義的用例】

〔和訳〕（チベット語訳より）

さて、**無想念の心統一**とは如何なるものか。遍浄〔天〕（第三禅最高位）が有する貪りを離れ、〔それよりも〕上位の者が有する貪りを離れていない者が、出離の想念を先とする注意によって、心と心作用の諸存在要素を抑止する限りのことであり、〔それらが〕静まっていて生じない限りのこと、それが**無想念の心統一**と呼ばれる。それもまた、概念設定としての存在であって、実体として〔の存在〕ではない。…

（サンスクリット原典なし）

〔漢訳〕

復次云何**無想定**。謂已離遍淨貪未離上貪、由出離想作意爲先故、諸心心所唯滅靜唯不轉、是名**無想定**。此是假有非實物有。…

（『瑜伽師地論』T 592c13–16）

何者**無想定**。離遍淨欲未離上欲、作心思惟謂是解脱、唯斷於心及心數法。如是寂靜、名**無想定**。此是假名非別有法。…

（『決定藏論』T 1028b25–28）

〔チベット語訳〕

de la **'du śes med pa'i sñoms par 'jug pa** gaṅ źe na / dge rgyas kyi 'dod chags daṅ bral la / goṅ ma'i 'dod chags daṅ ma bral ba'i 'byuṅ ba'i 'du śes sṅon du gtoṅ[1] ba'i yid la byed pas sems daṅ sems las byuṅ ba'i chos rnams 'gog pa tsam daṅ / ñe bar źi źiṅ mi 'byuṅ ba tsam ni **'du śes med pa'i sñoms par 'jug pa** źes bya ste / de yaṅ btags[2] pa'i yod pa yin gyi [3] rdzas su ni ma yin no // …

[1] *gtoṅ* D : *btaṅ* P [2] *btags* P : *brtags* D [3] / add. P

（D źi 36a7–b1, P zi 38b4–6）

【定義的用例】

〔和訳〕（チベット語訳より）

無想念の心統一と抑止の心統一と想念が無い者は如何なる状態に対する概念設定か、**無想念の心統一**と抑止の心統一と想念が無い者には何種あるのか。答える。**無想念の心統一**は、遍浄〔天〕（第三禅最高位）が有する貪りを離れ、〔それよりも〕上位の者が有する〔貪りを離れてい〕ない者が、出離の想念を先とする注意によって、名称を抑止する状態に対してである。それ（無想念の心統一）もまた〔獲得 prāpti と同様に〕3 種である。それ自体という点からは善なるものである。主体者という点からは、凡人の〔心身の〕流れに属するものである。生まれという点からは、始めにここに生まれて、その後、色界第四禅において結果として個々に直接経験することになるものである。

（サンスクリット原典なし）

〔漢訳〕

問。依何分位建立**無想定**滅盡定及無想天、此三各有幾種。答。依已離遍淨貪未離上貪出離想作意爲先名滅分位、建立**無想定**。此復三種。自性者唯是善。補特伽羅者在異生相續。起者先於此起後於色界第四靜慮當受彼果。

（T 607a25–b4）

〔チベット語訳〕

'du śes med pa'i sñoms par 'jug pa daṅ / 'gog pa'i sñoms par 'jug pa daṅ / 'du śes med pa pa gnas skabs gaṅ la gdags / **'du śes med pa'i sñoms par 'jug pa** daṅ / 'gog pa'i sñoms par 'jug pa daṅ / 'du śes med pa pa la rnam pa du yod ce na / smras pa / **'du śes med pa'i sñoms par 'jug pa** ni dge rgyas kyi 'dod chags daṅ bral la / goṅ ma'i ma yin pa'i 'byuṅ ba'i 'du śes sṅon du btaṅ ba'i yid la byed pas miṅ 'gog pa'i gnas skabs la'o // de yaṅ rnam pa gsum ste / ṅo bo ñid las ni dge ba yin no // gaṅ zag las ni so so'i skye bo'i rgyud du gtogs pa yin no // skye ba las ni daṅ po 'dir bskyed ciṅ de'i 'og tu gzugs kyi khams su bsam gtan bźi pa la 'bras[1] bu las so sor myoṅ bar 'gyur ba yin no //

[1] *'bras* D : om. P

（D źi 72b6–73a1, P zi 76a7–b2）

nirodhasamāpatti

【訳例】抑止の心統一
【漢訳】滅盡定（玄奘），滅盡，滅定（真諦）
【チベット語訳】'gog pa'i sñoms par 'jug pa
【Bauddhakośa】七十五法 170–172, 百法 233–237; cf. パーリ文献 212–215

Pañcavijñānakāyasaṃprayuktamanobhūmi in *Viniścayasaṃgrahaṇī*

【定義的用例】

〔和訳〕（チベット語訳より）

さて、**抑止の心統一**とは何か。無所有処（無色界第三処）の者が有する貪りを離れ、〔それよりも〕上位の者（有頂天）が有する貪りを離れていない、もしくは〔有頂天の〕貪りをも離れた者が、〔その寂静に〕とどまるという想念を先とする注意によって、心と心作用の諸存在要素を抑止する限りのことであり、〔それらが〕静まっていて生じない限りのこと、それが**抑止の心統一**と呼ばれる。〔その心統一は、表層の〕活動的認識（前六識）のみが静まることに尽きるのであって、アーラヤ識が静まることではない。そ〔の抑止の心統一〕もまた、概念設定としての存在であって、実体として〔の存在〕ではないと知るべきである。…

（サンスクリット原典なし）

〔漢訳〕

復次云何**滅盡定**。謂已離無所有處貪未離上貪或復已離、由止息想作意爲先故、諸心心所唯滅靜唯不轉、是名**滅盡定**。此定唯能滅靜轉識、不能滅靜阿賴耶識。當知此定亦是假有非實物有。…

（『瑜伽師地論』T 593a1–5）

何者**滅盡**。離不用處欲未離非想非非想欲、作心思惟求寂靜處無受無想、於受想中而見過患。即生厭離。受體四禪想體四空。於八禪定悉皆厭離。正滅於心及心數法。即入滅定。滅六識故、是名**滅定**。非滅阿羅耶識故。此亦假名非實有法。…

（『決定蔵論』T 1028c6–11）

〔チベット語訳〕

de la **'gog pa'i sñoms par 'jug pa** gaṅ źe na / ci yaṅ med pa'i skye mched kyi 'dod chags daṅ bral ba[1)] goṅ ma'i 'dod chags daṅ ma bral yaṅ ruṅ / 'dod chags daṅ bral yaṅ ruṅ ba'i gnas pa'i 'du śes sṅon du gtaṅ[2] ba'i yid la byed pas sems daṅ sems las byuṅ ba'i chos rnams 'gog pa tsam daṅ / ñe bar źi źiṅ mi 'byuṅ ba tsam ni **'gog pa'i sñoms par 'jug pa** źes bya ba[3] ste / 'jug pa'i rnam par śes pa tsam ñe bar źi bar zad kyi [4] kun gźi rnam par śes pa ñe bar źi ba ni ma yin no // de yaṅ btags[5] pa'i yod pa yin gyi rdzas[6] su ni ma yin par rig par bya'o // …

1) 3) *ba* D : om. P 2) *gtaṅ* D : *btaṅ* P 4) / add. P 5) *btags* P : *brtags* D 6) *rdzas* P : *rdzes* D

(D źi 36b6–37a1, P zi 39a3–6)

【定義的用例】

〔和訳〕（チベット語訳より）

無想念の心統一と**抑止の心統一**と想念が無い者は如何なる状態に対する概念設定か、無想念の心統一と**抑止の心統一**と想念が無い者には何種あるのか。答える。…**抑止の心統一**は、無所有処（無色界第三処）の者が有する貪りを離れた者が、〔その寂静に〕とどまるという想念を先とする注意によって名称を抑止する状態に対してである。それ（抑止の心統一）もまた〔獲得 prāpti と同様に〕3 種である。それ自体という点からは同じく善なるものである。主体者という点からは、聖者の〔心身の〕流れに属するものであり、〔すなわち〕有学者の〔心身の〕流れか無学者の〔心身の〕流れに属するものである。生まれという点からは、アーラヤ識を設定しない場合、始めにここに生じて、その後、色界において現前する。その現前は物質的身体に依拠するからである。アーラヤ識を設定する場合、現前は〔三界の〕どこでも起こると見るべきである。

（サンスクリット原典なし）

〔漢訳〕

問。依何分位建立無想定**滅盡定**及無想天、此三各有幾種。答。…依已離無所有處貪止息想作意爲先名滅分位、建立**滅盡定**。此復三種。自性者唯是善。補特伽羅者在聖相續、通學無學。起者先於此起後於色界重現在前。託色所依方現前故。此據未建立阿賴耶識教。若已建立於一切處皆得現前。

（T 607a25–b10）

〔チベット語訳〕

'du śes med pa'i sñoms par 'jug pa daṅ / **'gog pa'i sñoms par 'jug pa** daṅ / 'du śes med pa pa gnas skabs gaṅ la gdags / 'du śes med pa'i sñoms par 'jug pa daṅ / **'gog pa'i sñoms par 'jug pa** daṅ / 'du śes med pa pa la rnam pa du yod ce na / smras pa / ... **'gog pa'i sñoms par**

'jug pa ni ci yaṅ med pa'i skye mched kyi 'dod chags daṅ bral ba'i gnas pa'i 'du śes sṅon[1] du btaṅ ba'i yid la byed pas miṅ 'gog pa'i gnas skabs la'o // de yaṅ rnam pa gsum ste / ṅo bo ñid las ni dge ba ñid yin no // gaṅ zag las ni 'phags pa'i rgyud du gtogs te / slob pa'i rgyud dam mi slob pa'i rgyud du gtogs pa yin no // skye ba las ni kun gźi rnam par śes pa rnam par ma bźag[2] na ni daṅ por 'dir skyes[3] ciṅ / de'i 'og tu gzugs kyi khams su mṅon du byed do // mṅon du byed pa de[4] ni gzugs kyi lus la rag las pa yin pa'i phyir ro // kun gźi rnam par śes pa rnam par gźag na ni mṅon du byed pa thams cad du 'gro ba yin par blta bar bya'o //

[1] *sṅon* D : *mṅon* P [2] *bźag* D : *gźag* P [3] *skyes* P : *skyed* D [4] *de* D : om. P

(D źi 72b6–73a4, P zi 76a7–b5)

āsaṃjñika

【訳例】想念が無い者
【漢訳】無想，無想天（玄奘），無想生（真諦）
【チベット語訳】'du śes med pa pa
【Bauddhakośa】七十五法 164–166，百法 238–241

Pañcavijñānakāyasaṃprayuktamanobhūmiviniścaya

【定義的用例】

〔和訳〕（チベット語訳より）

その原因とその条件（無想念の心統一）によって〔無想有情天において〕生まれつき獲得している、心と心作用を抑止すること、それが**想念が無い者**と呼ばれる。

（サンスクリット原典なし）

〔漢訳〕

復次若由此因此緣、所有生得心心所滅、是名**無想**。

（『瑜伽師地論』T 592c28–29）

所以者何。生得心滅數亦滅、名**無想生**。

（『決定藏論』T 1028c5–6）

〔チベット語訳〕

rgyu de daṅ rkyen des skyes nas thob pa'i sems daṅ sems las byuṅ[1] ba 'gog pa de ni **'du śes med pa pa** źes bya'o //

[1] *byuṅ* D : *'byuṅ* P

（D źi 36b6, P zi 39a3）

【定義的用例】

〔和訳〕（チベット語訳より）

無想念の心統一と抑止の心統一と**想念が無い者**は如何なる状態に対する概念設定か、無想念の心統一と抑止の心統一と**想念が無い者**には何種あるのか。答える。…**想念が無い者もの**は、無想有情天に生まれた者が名称を抑止する状態に対してである。それ（想念が無い者）もまた〔獲得 prāpti と同様に〕3 種である。それ自体という点からは無覆無記である。主体者という点からは、凡夫のみがそこ（無想有情天）に生じ、聖者は〔生じ〕ない。生まれという点からは、それは無想念の心統一をもたらす意思の異熟結果であって、想念が生じるとその諸々の生き物存在はそこから死没することになるものである。

（サンスクリット原典なし）

〔漢訳〕

問。依何分位建立無想定滅盡定及**無想天**、此三各有幾種。答。…依已生無想有情天中名滅分位、建立**無想**。此亦三種。自性者無覆無記。補特伽羅者唯異生性。彼非諸聖者。起者謂能引發無想定思、能感彼異熟果、後想生已是諸有情便從彼沒。

（T 607a25–b14）

〔チベット語訳〕

'du śes med pa'i sñoms par 'jug pa daṅ / 'gog pa'i sñoms par 'jug pa daṅ / **'du śes med pa pa** gnas skabs gaṅ la gdags / 'du śes med pa'i sñoms par 'jug pa daṅ / 'gog pa'i sñoms par 'jug pa daṅ / **'du śes med pa pa** la rnam pa du yod ce na / smras pa / ... **'du śes med pa pa** ni 'du śes med pa'i sems can lha rnams kyi naṅ du skyes pa'i miṅ 'gog pa'i gnas skabs la'o // de yaṅ rnam pa gsum ste / ṅo bo ñid las ni ma bsgribs la luṅ du ma bstan pa yin no // gaṅ zag las ni so so'i skye bo kho na der skye'o //[1] 'phags pa ni ma yin no // skye ba las ni de ni 'du śes med pa'i sñoms par 'jug pa sgrub par byed pa'i sems pa'i rnam par smin pa'i 'bras bu yin te / 'du śes skyes nas sems can de dag de nas 'chi 'pho bar 'gyur[2] ba yin no //

[1] // D : om. P　[2] *'gyur* D : *gyur* P

（D źi 72b6–73a6, P zi 76a7–b7）

nāmakāya

【訳例】名辞の集合
【漢訳】名身（玄奘），字和合，字（真諦）
【チベット語訳】miṅ gi tshogs
【Bauddhakośa】七十五法 183–184, 百法 242–244, パーリ文献 219–220

Pañcavijñānakāyasaṃprayuktamanobhūmiviniścaya

【定義的用例】

〔和訳〕（チベット語訳より）

さて、**名辞の集合**とは如何なるものか。諸々の存在要素に関して、それ自体を概念設定することや固有の特徴を概念設定することを始めとして、言語表現するために、構想によって名辞一般を設定することが、**名辞の集合**と呼ばれる。

…知られ、説かれ得る事物の中で、あらゆる点で収斂されたものが、文字である。中間が名辞である。拡張したものが文である。…

（サンスクリット原典なし）

〔漢訳〕

復次云何**名身**。謂依諸法自性施設自相施設、由遍分別爲隨言説唯建立想、是謂**名身**。
…又於一切所知所詮事中、極略相、是文。若中是名。若廣是句。…

（『瑜伽師地論』T 587c11–17）

字和合者、依法性相而立假名、依如是義、是名爲**字**。
…於諸略義、悉皆是名。於處中義、是名爲句。於廣説義、稱之爲味。…

（『決定藏論』T 1024c26–1025a2）

〔チベット語訳〕

de la **miṅ gi tshogs rnams** gaṅ źe na / chos rnams kyi ṅo bo ñid du 'dogs pa daṅ / raṅ gi mtshan ñid du 'dogs pa las brtsams te / rjes su tha sñad gdags pa'i phyir yoṅs su brtag[1] pa ñe bar bzuṅ nas miṅ tsam du rnam par 'jog pa gaṅ yin pa de dag ni **miṅ gi tshogs rnams** źes bya'o //
... śes bya brjod par bya ba'i dṅos po la / thams cad las bsdus pa ni yi ge'o // 'briṅ ni miṅ ṅo // rgyas pa ni tshig go // …

[1] *brtag* D : *btags* P

（D źi 24a4–7, P zi 26b8–27a4）

【定義的用例】

〔和訳〕（チベット語訳より）

名辞の集合は如何なる状態に対する概念設定か、何種あるのか。答える。言語協約を言語表現する状態に対してである。〔それもまた〕3 種である。二次的表現と、実際の事物と、周知のものや非周知のものと〔に関する名辞の集合〕である。

（サンスクリット原典なし）

〔漢訳〕

問。依何分位建立**名身**、此復幾種。答。依假言説分位、建立**名身**。此復三種。謂假設**名身**、實物**名身**、世所共了不了**名身**。

（T 607c3–5）

〔チベット語訳〕

miṅ gi tshogs gnas skabs gaṅ la gdags / rnam pa du yod ce na / smras pa / brda'i tha sñad 'dogs pa'i gnas skabs la'o // rnam pa gsum ste / ñe bar 'dogs pa daṅ / yaṅ dag pa'i dṅos po daṅ / grags pa daṅ / ma grags pa'o //

（D źi 73b4–5, P zi 77a5–6）

padakāya

【訳例】文の集合
【漢訳】句身（玄奘），句和合（真諦）
【チベット語訳】tshig gi tshogs
【Bauddhakośa】七十五法 185–187，百法 245–247

Pañcavijñānakāyasaṃprayuktamanobhūmiviniścaya

【定義的用例】

〔和訳〕（チベット語訳より）

文の集合とは如何なるものか。固有の特徴として概念設定された、〔名辞の集合の解説におけるのと〕同じそれら諸存在要素に関して、区別を概念設定することを始めとして、良いことや悪いことや汚れや清浄という言語的多様性を設定することが、**文の集合**と呼ばれる。

…知られ、説かれ得る事物の中で、あらゆる点で収斂されたものが、文字である。中間が名辞である。拡張したものが文である。…

（サンスクリット原典なし）

〔漢訳〕

云何**句身**。謂即依彼自相施設所有諸法差別施設、建立功徳過失雜染清淨戲論、是謂**句身**。
…又於一切所知所詮事中、極略相、是文。若中是名。若廣是句。…

（『瑜伽師地論』T 587c13–17）

句和合者、已説依自相法、善法惡法淨法不淨法選擇分別、以名合爲句。是**句和合**。
…於諸略義、悉皆是名。於處中義、是名爲句。於廣説義、稱之爲味。…

（『決定藏論』T 1024c27–1025a2）

〔チベット語訳〕

tshig gi tshogs rnams gaṅ źe na / raṅ gi mtshan ñid du btags pa'i chos de dag ñid kyi[1] bye brag tu 'dogs pa las brtsams te / yon tan daṅ skyon daṅ / kun nas ñon moṅs pa daṅ rnam par byaṅ ba'i spros pa rnam par 'jog pa ni **tshig gi tshogs rnams** źes[2] bya'o //
... śes bya brjod par bya ba'i dṅos po la / thams cad las bsdus pa ni yi ge'o // 'briṅ ni miṅ ṅo // rgyas pa ni tshig go // ...

[1] *kyi* P : *kyis* D　[2] *rnams źes* D : *źes rnams* P　　(D źi 24a5–7, P zi 27a2–4)

【定義的用例】

〔和訳〕（チベット語訳より）

名辞の集合は如何なる状態に対する概念設定か、何種あるのか。答える。言語協約を言語表現する状態に対してである。…

名辞の集合と同様に**文の集合**と文字の集合も知るべきである。それらにおける違いは、以下がある。標挙の文と、解説の文〔という、以上、文の集合〕と、音素によって包摂されるものと、字によって包摂されるもの〔という、以上、文字の集合〕とである。

（サンスクリット原典なし）

〔漢訳〕

問。依何分位建立名身、此復幾種。答。依假言説分位、建立名身。…

如名身、**句身**文身當知亦爾。此中差別者、謂標句釋句、音所攝字所攝。

（T 607c3–7）

〔チベット語訳〕

miṅ gi tshogs gnas skabs gaṅ la gdags / rnam pa du yod ce na / smras pa / brda'i tha sñad 'dogs pa'i gnas skabs la'o // ...

miṅ gi tshogs ji lta ba bźin du / **tshig**[1] **gi tshogs** daṅ / yi ge'i tshogs kyaṅ de bźin du rig par bya'o // de la bye brag ni 'di yod de / bstan pa'i tshig daṅ / bśad pa'i tshig daṅ / tshig gis bsdus pa daṅ / yi ges bsdus pa'o //

[1] *tshig* D : *tshigs* P

（D źi 73b4–6, P zi 77a5–7）

vyañjanakāya

【訳例】文字の集合
【漢訳】文身（玄奘），味和合（真諦）
【チベット語訳】yi ge'i tshogs
【Bauddhakośa】七十五法 188–189, 百法 248–251

Pañcavijñānakāyasaṃprayuktamanobhūmiviniścaya

【定義的用例】

〔和訳〕（チベット語訳より）

文字の集合とは如何なるものか。名辞の集合と文の集合とにとっての拠り所であることとしての字の集合が、**文字の集合**と呼ばれる。知られ、説かれ得る事物の中で、あらゆる点で収斂されたものが、文字である。中間が名辞である。拡張したものが文である。…

（サンスクリット原典なし）

〔漢訳〕

云何**文身**。謂名身句身所依止性所有字身、是謂**文身**。又於一切所知所詮事中、極略相、是文。若中是名。若廣是句。…

（『瑜伽師地論』T 587c15–17）

味和合者、名與句合、字義具足、是**味和合**。於諸略義、悉皆是名。於處中義、是名爲句。於廣説義、稱之爲味。…

（『決定藏論』T 1024c29–1025a2）

〔チベット語訳〕

yi ge'i tshogs rnams gaṅ źe na / miṅ gi tshogs daṅ / tshig gi tshogs kyi rten[1)] gyi dṅos por yi ge'i 'bru'i tshogs rnams ni **yi ge'i tshogs rnams** źes bya ste / śes bya brjod par bya ba'i dṅos po la / thams cad las bsdus pa ni yi ge'o // 'briṅ ni miṅ ṅo // rgyas pa ni tshig go // …

1) *rten* P : *brten* D

（D źi 24a6–7, P zi 27a3–4）

【定義的用例】

〔和訳〕（チベット語訳より）

名辞の集合は如何なる状態に対する概念設定か、何種あるのか。答える。言語協約を言語表現する状態に対してである。…

名辞の集合と同様に文の集合と**文字の集合**も知るべきである。それらにおける違いは、以下がある。標挙の文と、解説の文〔という、以上、文の集合〕と、音素によって包摂されるものと、字によって包摂されるもの〔という、以上、文字の集合〕とである。

（サンスクリット原典なし）

〔漢訳〕

問。依何分位建立名身、此復幾種。答。依假言説分位、建立名身。…

如名身、句身**文身**當知亦爾。此中差別者、謂標句釋句、音所攝字所攝。

（T 607c3–7）

〔チベット語訳〕

miṅ gi tshogs gnas skabs gaṅ la gdags / rnam pa du yod ce na / smras pa / brda'i tha sñad 'dogs pa'i gnas skabs la'o // ...

miṅ gi tshogs ji lta ba bźin du / tshig[1] gi tshogs daṅ / **yi ge'i tshogs** kyaṅ de bźin du rig par bya'o // de la bye brag ni 'di yod de / bstan pa'i tshig daṅ / bśad pa'i tshig daṅ / tshig gis bsdus pa daṅ / yi ges bsdus pa'o //

[1] *tshig* D : *tshigs* P

（D źi 73b4–6, P zi 77a5–7）

jāti

【訳例】生起
【漢訳】生（玄奘，真諦）
【チベット語訳】skye ba
【Bauddhakośa】七十五法 175–176，百法 252–254

Manobhūmi

【定義的用例】

〔和訳〕

どのようにして、**生起**と変異と存続と無常を設定するのか。すべての認識の流れには、共にはたらくすべての種子の流れが設定される。条件が存在するとき、条件によって、まず最初に、流れとして以前は生じていなかったある存在要素が生じるが、そ〔の存在要素〕が、形成されたものの特徴である**生起**と言われる。

…そうしたこれらが、同じその存在要素にとっての状態の区別による 4 つの特徴である。

〔原文〕

kathaṃ **jātyā** jarāyāḥ sthiter anityatāyāś ca vyavasthānaṃ bhavati. sarvatra vijñānasaṃtāne sarvo bījasaṃtānaḥ sahacaro vyavasthāpyate. sati pratyaye pratyaya-vaśāt tatprathamataḥ saṃtatyânutpannapūrvo yo dharma utpadyate, sā **jātiḥ** saṃskr̥ta-lakṣaṇam ity ucyate.

… tāny etāni tasyâiva dharmasyâvasthābhedena catvāri lakṣaṇāni bhavanti.

（YBh 61.7–15, Ms 18a1–3）

〔漢訳〕

云何建立**生**老住無常。謂於一切處識相續中一切種子相續俱行建立。由有縁力故、先未相續生法今最初生。是名**生**有爲相。

…如是即約諸法分位差別建立四相。

（T 291c21–29）

〔チベット語訳〕

skye ba daṅ / rga ba daṅ / gnas pa daṅ / mi rtag pa ñid ji ltar rnam par gźag ce na / rnam par śes pa'i rgyud thams cad la ni sa bon gyi rgyud thams cad lhan cig rgyu bar rnam par gźag ste / rkyen yod la / rkyen yod pa'i dbaṅ gis rgyud sṅa nas ma byuṅ ba las [1] daṅ po chos gaṅ 'byuṅ ba de ni 'dus byas kyi mtshan ñid **skye ba** źes bya'o //

… de dag kyaṅ chos de ñid kyi dus kyi bye brag las mtshan ñid bźir 'gyur ro //

[1] / add. P

(D 31a2–5, P 34b6–35a2)

Pañcavijñānakāyasaṃprayuktamanobhūmiviniścaya

【定義的用例】

〔和訳〕（チベット語訳より）

…従って、**生起**等〔の形成されたものの特徴〕もまた、諸々の形成力に対する概念設定としての存在であると知るべきである。そ〔の生起等〕の中で、原因が存在する場合に、以前は生じていなかった固有の特徴が成立することが、諸々の形成力の**生起**と呼ばれる。…

（サンスクリット原典なし）

〔漢訳〕

…故知、**生**等於諸行中假施設有。由有因故、諸行非本自相始起説名爲**生**。…

（『瑜伽師地論』T 585c24–26）

…於現在因先所未有諸行起相、是名爲**生**。…

（『決定藏論』T 1023b6–7）

〔チベット語訳〕

… de lta bas na **skye ba** la sogs pa yaṅ 'du byed rnams la brtags[1] pa'i yod pa yin par rig par bya'o // de la rgyu yod na raṅ gi mtshan ñid sṅon ma byuṅ ba 'grub pa ni 'du byed rnams kyi **skye ba** źes bya'o // ...

[1] sic! (Read as *btags*.)

(D źi 19a7–b1, P zi 22a2–3)

【定義的用例】

〔和訳〕（チベット語訳より）

生起は如何なる状態に対する概念設定か、何種あるのか。答える。現在の状態に対してである。〔それもまた〕3 種である。瞬間毎の**生起**と、〔自己存在の〕再統合としての**生起**と、〔様々な〕状態の**生起**とである。

（サンスクリット原典なし）

〔漢訳〕

問。依何分位建立**生**、此復幾種。答。依現在分位、建立**生**。此復三種。所謂剎那**生**、相續**生**、分位**生**。

（T 607b22–24）

〔チベット語訳〕

skye ba gnas skabs gaṅ la gdags / rnam pa du yod ce na / smras pa / da ltar byuṅ ba'i gnas[1] skabs la'o // rnam pa gsum ste skad cig gi **skye ba** daṅ / ñiṅ mtshams sbyor ba'i **skye ba** daṅ /[2] gnas skabs kyi **skye ba**'o //

[1] *gnas* D : om. P [2] / D : om. P

（D źi 73b1–2, P zi 77a2–3）

jarā

【訳例】変異，老化
【漢訳】老（玄奘，真諦）
【チベット語訳】rga ba
【Bauddhakośa】七十五法 179–180，百法 255–257

Manobhūmi

【定義的用例】

〔和訳〕

どのようにして、生起と**変異**と存続と無常を設定するのか。すべての認識の流れには、共にはたらくすべての種子の流れが設定される。条件が存在するとき、条件によって、まず最初に、流れとして以前は生じていなかったある存在要素が生じるが、そ〔の存在要素〕が、形成されたものの特徴である生起と言われる。

その同じ〔存在要素〕が別様であることが**変異**である。また、そ〔の別様であること〕は2種であって、別物であることという点で別様であることと、様変わりすることという点で別様であることである。相似する〔存在要素〕が生起する場合は、別物であることという点での別様であることであり、相似しない〔存在要素〕が生起する場合は、様変わりすることという点での別様であることである。

…そうしたこれらが、同じその存在要素にとっての状態の区別による4つの特徴である。

〔原文〕

kathaṃ jātyā **jarāyāḥ** sthiter anityatāyāś ca vyavasthānaṃ bhavati. sarvatra vijñānasaṃtāne sarvo bījasaṃtānaḥ sahacaro vyavasthāpyate. sati pratyaye pratyaya-vaśāt tatprathamataḥ saṃtatyânutpannapūrvo yo dharma utpadyate, sā jātiḥ saṃskr̥ta-lakṣaṇam ity ucyate.

tasyâivânyathātvaṃ **jarā**. tat punar dvividham, anyatvânyathātvam anyathībhāvânyathātvaṃ[1] ca. [2] sadr̥śôtpattau satyām anyatvânyathātvam, visadr̥śôtpattau satyām anyathībhâvānyathātvam.[3]

... tāny etāni tasyâiva dharmasyâvasthābhedena catvāri lakṣaṇāni bhavanti.

[1) 3)] *anyathībhāvā°* Ms : *anyathābhāvā°* YBh [2)] <*tatra*> add. YBh

（YBh 61.7–15, Ms 18a1–3）

〔漢訳〕

云何建立生**老**住無常。謂於一切處識相續中一切種子相續倶行建立。由有縁力故、先未相續生法今最初生。是名生有爲相。

即此變異性、名**老**有爲相。此復二種。一異性變異性。二變性變異性。由有相似生故立異性變異性。由有不相似生故立變性變異性。

…如是即約諸法分位差別建立四相。

（T 291c21–29）

〔チベット語訳〕

skye ba daṅ / **rga ba** daṅ / gnas pa daṅ / mi rtag pa ñid ji ltar rnam par gźag ce na / rnam par śes pa'i rgyud thams cad la ni sa bon gyi rgyud thams cad lhan cig rgyu bar rnam par gźag ste / rkyen yod la / rkyen yod pa'i dbaṅ gis rgyud sṅa nas ma byuṅ ba las [1] daṅ po chos gaṅ 'byuṅ ba de ni 'dus byas kyi mtshan ñid skye ba źes bya'o //

de ñid gźan du 'gyur ba ni **rga ba**'o // de la yaṅ rnam pa gñis te / gźan ñid du gźan du 'gyur ba daṅ / tha dad pas gźan du 'gyur ro //[2] de la 'dra bar 'byuṅ ba ni gźan ñid du gźan du 'gyur ba'o //

... de dag kyaṅ chos de ñid kyi dus kyi bye brag las mtshan ñid bźir 'gyur ro //

[1] / add. P　[2] // D : / P

（D 31a2–5, P 34b6–35a2）

Pañcavijñānakāyasaṃprayuktamanobhūmiviniścaya

【定義的用例】

〔和訳〕（チベット語訳より）

…従って、生起等〔の形成されたものの特徴〕もまた、諸々の形成力に対する概念設定としての存在であると知るべきである。そ〔の生起等〕の中で…前のものと比べ後のものが別物であることという点で別様であることが、諸々の形成力の**変異**と呼ばれる。…

（サンスクリット原典なし）

〔漢訳〕

…故知、生等於諸行中假施設有。…後起諸行與前差別說名爲**老**。…

（『瑜伽師地論』T 585c24–27）

…不以先者是行異相、即名爲**老**。…

（『決定藏論』T 1023b7）

〔チベット語訳〕

… de lta bas na skye ba la sogs pa yaṅ 'du byed rnams la brtags[1] pa'i yod pa yin par rig par bya'o // de la … sṅa ma las phyi ma gźan ñid du gźan du 'gyur ba ñid ni 'du byed rnams kyi **rga ba** źes bya'o // ...

[1] sic! (Read as *btags*.)

（D źi 19a7–b1, P zi 22a2–3）

【定義的用例】

〔和訳〕（チベット語訳より）

変異は如何なる状態に対する概念設定か、何種あるのか。答える。前後の状態に対してである。〔それもまた〕3 種である。別物であることという点での**変異**と、別様であることという点での**変異**と、享受に関する**変異**とである。

（サンスクリット原典なし）

〔漢訳〕

問。依何分位建立**老**、此復幾種。答。依前後分位、建立**老**。此復三種。謂異性**老**、轉變**老**、受用**老**。

（T 607b24–26）

〔チベット語訳〕

rga ba gnas skabs gaṅ la gdags / rnam pa du yod ce na / smras pa / sṅa phyi'i gnas skabs la'o // rnam pa gsum ste / gźan ñid kyi **rga**[1] **ba** daṅ / gźan du gyur pa'i **rga ba** daṅ / ñe bar spyod pa'i **rga ba**'o //

[1] *rga* P : *dga'* D

（D źi 73b2–3, P zi 77a3–4）

sthiti

【訳例】存続
【漢訳】住（玄奘，真諦）
【チベット語訳】gnas pa
【Bauddhakośa】七十五法 177–178, 百法 258–260

Manobhūmi

【定義的用例】

〔和訳〕

どのようにして、生起と変異と**存続**と無常を設定するのか。すべての認識の流れには、共にはたらくすべての種子の流れが設定される。条件が存在するとき、条件によって、その最初に、流れとして以前は生じていなかったある存在要素が生じるが、そ〔の存在要素〕が、形成されたものの特徴である生起と言われる。

…生じたばかりの〔存在要素〕が、ただ生起する限りの瞬間において継続することが**存続**である。

…そうしたこれらが、同じその存在要素にとっての状態の区別による 4 つの特徴である。

〔原文〕

kathaṃ jātyā jarāyāḥ **sthiter** anityatāyāś ca vyavasthānaṃ bhavati. sarvatra vijñānasaṃtāne sarvo bījasaṃtānaḥ sahacaro vyavasthāpyate. sati pratyaye pratyaya-vaśāt tatprathamataḥ saṃtatyânutpannapūrvo yo dharma utpadyate, sā jātiḥ saṃskr̥ta-lakṣaṇam ity ucyate.

... jātamātrasya jātimātrakṣaṇânuvr̥ttiḥ **sthitiḥ**.

... tāny etāni tasyâiva dharmasyâvasthābhedena catvāri lakṣaṇāni bhavanti.

（YBh 61.7–15, Ms 18a1–3）

〔漢訳〕

云何建立生老**住**無常。謂於一切處識相續中一切種子相續倶行建立。由有縁力故、先未相續生法今最初生。是名生有爲相。

…即已生時、唯生刹那隨轉故、名**住**有爲相。

…如是即約諸法分位差別、建立四相。

（T 291c21–29）

〔チベット語訳〕

skye ba daṅ / rga ba daṅ / **gnas pa** daṅ / mi rtag pa ñid ji ltar rnam par gźag ce na / rnam par

śes pa'i rgyud thams cad la ni sa bon gyi rgyud thams cad lhan cig rgyu bar rnam par gźag ste / rkyen yod la / rkyen yod pa'i dbaṅ gis rgyud sṅa nas ma byuṅ ba las [1] daṅ po chos gaṅ 'byuṅ ba de ni 'dus byas kyi mtshan ñid skye ba źes bya'o //
... skyes ma thag pa'i skye ba tsam gyi skad cig rjes su 'jug pa ni **gnas pa**'o //
... de dag kyaṅ chos de ñid kyi dus kyi bye brag las mtshan ñid bźir 'gyur ro //

[1] / add. P

(D 31a2–5, P 34b6–35a2)

Pañcavijñānakāyasaṃprayuktamanobhūmiviniścaya

【定義的用例】

〔和訳〕(チベット語訳より)

…従って、生起等〔の形成されたものの特徴〕もまた、諸々の形成力に対する概念設定としての存在であると知るべきである。そ〔の生起等〕の中で…生起の時に限りとどまることが、諸々の形成力の**存続**と呼ばれる。…

(サンスクリット原典なし)

〔漢訳〕

…故知、生等於諸行中假施設有。…即彼諸行生位暫停説名爲**住**。…

(『瑜伽師地論』T 585c24–27)

…起而未滅、即名爲**住**。…

(『決定藏論』T 1023b7–8)

〔チベット語訳〕

… de lta bas na skye ba la sogs pa yaṅ 'du byed rnams la brtags[1] pa'i yod pa yin par rig par bya'o // de la … skye ba'i dus tsam la gnas pa ni 'du byed rnams kyi **gnas pa** źes bya ste / …

[1] sic! (Read as *btags*.)

(D źi 19a7–b1, P zi 22a2–3)

【定義的用例】

〔和訳〕(チベット語訳より)

存続は如何なる状態に対する概念設定か、何種あるのか。答える。生起した状態のみに対してである。〔それもまた〕3 種である。瞬間毎の**存続**と、つながりとしての**存続**と、流儀の**存続**とである。

（サンスクリット原典なし）

〔漢訳〕

問。依何分位建立**住**、此復幾種。答。即依生分位、建立**住**。此復三種。謂刹那**住**、相續**住**、立制**住**。

（T 607b26–28）

〔チベット語訳〕

gnas pa gnas skabs gaṅ la gdags / rnam pa du yod ce na / smras pa / skyes pa'i gnas skabs ñid la'o // rnam pa gsum ste / skad cig **gnas pa** daṅ / rgyun **gnas pa** daṅ / lugs **gnas pa**'o //

（D źi 73b3, P zi 77a4）

anityatā

【訳例】無常
【漢訳】無常（玄奘）
【チベット語訳】mi rtag pa ñid
【Bauddhakośa】七十五法 181–182, 百法 261–263

Manobhūmi

【定義的用例】

〔和訳〕

どのようにして、生起と変異と存続と**無常**を設定するのか。すべての認識の流れには、共にはたらくすべての種子の流れが設定される。条件が存在するとき、条件によって、その最初に、流れとして以前は生じていなかったある存在要素が生じるが、そ〔の存在要素〕が、形成されたものの特徴である生起と言われる。

…生起する瞬間の後に、一瞬間も状態を留めないことが**無常**である。

そうしたこれらが、同じその存在要素にとっての状態の区別による4つの特徴である。

〔原文〕

kathaṃ jātyā jarāyāḥ sthiter **anityatāyāś** ca vyavasthānaṃ bhavati. sarvatra vijñānasaṃtāne sarvo bījasaṃtānaḥ sahacaro vyavasthāpyate. sati pratyaye pratyaya-vaśāt tatprathamataḥ saṃtatyânutpannapūrvo yo dharma utpadyate, sā jātiḥ saṃskr̥ta-lakṣaṇam ity ucyate.

... jātikṣaṇôrdhvaṃ kṣaṇânavasthānam **anityatā**.

tāny etāni tasyâiva dharmasyâvasthābhedena catvāri lakṣaṇāni bhavanti.

（YBh 61.7–15, Ms 18a1–3）

〔漢訳〕

云何建立生老住**無常**。謂於一切處識相續中一切種子相續倶行建立。由有縁力故、先未相續生法今最初生。是名生有爲相。

…生刹那後刹那不住故名**無常**有爲相。

如是即約諸法分位差別建立四相。

（T 291c21–29）

〔チベット語訳〕

skye ba daṅ / rga ba daṅ / gnas pa daṅ / **mi rtag pa ñid** ji ltar rnam par gźag ce na / rnam par śes pa'i rgyud thams cad la ni sa bon gyi rgyud thams cad lhan cig rgyu bar rnam par gźag ste / rkyen yod la / rkyen yod pa'i dbaṅ gis rgyud sṅa nas ma byuṅ ba las [1] daṅ po chos gaṅ 'byuṅ ba de ni 'dus byas kyi mtshan ñid skye ba źes bya'o //

… skye ba ni[2] skad cig phan chad skad cig mi gnas pa ni **mi rtag pa ñid** de / de dag kyaṅ chos de ñid kyi dus kyi bye brag las mtshan ñid bźir 'gyur ro //

[1] / add. P [2] *ba ni* D : *ba'i* P

（D 31a2–5, P 34b6–35a2）

Pañcavijñānakāyasaṃprayuktamanobhūmiviniścaya

【定義的用例】（同義異語の'jig pa）

〔和訳〕（チベット語訳より）

…従って、生起等〔の形成されたものの特徴〕もまた、諸々の形成力に対する概念設定としての存在であると知るべきである。そ〔の生起等〕の中で…それから、生起する瞬間の後に消滅する瞬間が、諸々の形成力の消滅と呼ばれる。

（サンスクリット原典なし）

〔漢訳〕

…故知、生等於諸行中假施設有。…生刹那後諸行相盡説名爲滅、亦名**無常**。

（『瑜伽師地論』T 585c24–28）

是刹那生諸行壞相、是名爲滅。

（『決定藏論』T 1023b8–9）

〔チベット語訳〕

… de lta bas na skye ba la sogs pa yaṅ 'du byed rnams la brtags[1] pa'i yod pa yin par rig par bya'o // … de lta bas na skye ba'i skad cig gi 'og tu 'jig pa'i skad cig ni 'du byed rnams kyi 'jig pa źes bya'o //

[1] sic! (Read as *btags*.)

（D źi 19a7–b2, P zi 22a2–4）

【定義的用例】

〔和訳〕（チベット語訳より）

無常は如何なる状態に対する概念設定か、何種あるのか。答える。生起してから消滅した状態に対してである。〔それもまた〕3 種である。消滅としての**無常**と、変化としての**無常**と、別離としての**無常**とである。

（サンスクリット原典なし）

〔漢訳〕

問。依何分位建立**無常**、此復幾種。答。依生已壞滅分位、建立**無常**。此復三種。謂壞滅**無常**、轉變**無常**、別離**無常**。

（T 607b28–c2）

〔チベット語訳〕

mi rtag pa ñid gnas skabs gaṅ la gdags / rnam pa du yod ce na / smras pa / skyes nas źig pa'i gnas skabs la'o // rnam pa gsum ste / 'jig pa'i **mi rtag pa ñid** daṅ / 'gyur ba'i **mi rtag pa ñid** daṅ / bral ba'i **mi rtag pa ñid** do //

（D źi 73b3–4, P zi 77a4–5）

pravṛtti

【訳例】継起
【漢訳】流轉（玄奘），起生（真諦）
【チベット語訳】'jug pa
【Bauddhakośa】百法 264–265

Pañcavijñānakāyasaṃprayuktamanobhūmiviniścaya

【定義的用例】

〔和訳〕（チベット語訳より）

さて、**継起**とは如何なるものか。諸々の形成力に関して、因果のつながりが途切れないことが、**継起**と呼ばれる。…

（サンスクリット原典なし）

〔漢訳〕

復次云何**流轉**。謂諸行因果相續不斷性、是謂**流轉**。…

（『瑜伽師地論』T 587c25–26）

何者**起生**。諸行因果相續未斷、是名**起生**。…

（『決定藏論』T 1025a8–9）

〔チベット語訳〕

de la **'jug pa** gaṅ źe na / 'du byed rnams kyi rgyu daṅ 'bras bu'i rgyun mi 'chad pa ni **'jug pa** źes bya'o // ...

（D źi 24b3, P zi 27a7）

【定義的用例】

〔和訳〕（チベット語訳より）

継起は如何なる状態に対する概念設定か、何種あるのか。答える。因果のつながりという状態に対してである。〔それもまた〕3 種である。瞬間の連続**継起**と、生起の連続**継起**と、汚れと清浄の連続**継起**とである。

（サンスクリット原典なし）

〔漢訳〕

問。依何分位建立**流轉**、此復幾種。答。依因果相續分位、建立**流轉**。此復三種。謂刹那展轉**流轉**、生展轉**流轉**、染汚清淨展轉**流轉**。

（T 607c11–13）

〔チベット語訳〕

'jug pa gnas skabs gaṅ la gdags / rnam pa du yod ce na / smras pa / rgyu daṅ 'bras bu'i rgyun gyi[1)] gnas skabs la'o //[2)] rnam pa ni[3)] gsum ste / skad cig gcig nas gcig tu **'jug pa** daṅ / skye ba gcig nas gcig tu **'jug pa** daṅ / kun nas ñon moṅs pa daṅ rnam par byaṅ ba gcig nas gcig tu **'jug pa**'o //

[1)] *gyi* D : *gyis* P [2)] // P : / D [3)] *ni* D : om. P

（D źi 73b7–74a1, P zi 77b1–2）

pratiniyama

【訳例】個別的制約
【漢訳】定異（玄奘），齊法（真諦）
【チベット語訳】so sor ṅes pa
【Bauddhakośa】百法 266–267

Pañcavijñānakāyasaṃprayuktamanobhūmiviniścaya

【定義的用例】

〔和訳〕（チベット語訳より）

さて、**個別的制約**とは如何なるものか。如来たちが出現していても出現していなくても、無始の時以来、種々各別の因果が混同していないという、諸々の存在要素に関する法則性が**個別的制約**である。…

（サンスクリット原典なし）

〔漢訳〕

復次云何**定異**。謂無始時來種種因果決定差別無雜亂性、如來出世若不出世、諸法法爾。…

（『瑜伽師地論』T 588a11–13）

何者**齊法**。依無始時各各分齊種子因果、法不相雜。諸佛出世及不出世、法常然故。…

（『決定藏論』T 1025a15–17）

〔チベット語訳〕

de la **so sor ṅes pa** gaṅ źe na / de bźin gśegs pa rnams byuṅ yaṅ ruṅ ma byuṅ yaṅ ruṅ / thog ma med pa daṅ ldan pa'i dus nas bzuṅ ste / chos rnams kyi rgyu daṅ 'bras bu sna tshogs ma 'dres pa ñid kyi chos ñid **so sor ṅes pa**'o // ...

（D źi 25a3–4, P zi 27b7–8）

【定義的用例】

〔和訳〕（チベット語訳より）

個別的制約は如何なる状態に対する概念設定か、何種あるのか。答える。存在要素には異なる特徴があるという状態に対してである。〔それもまた〕3 種である。特徴の**個別的制**

約と、原因の**個別的制約**と、結果の**個別的制約**とである。

（サンスクリット原典なし）

〔漢訳〕

問。依何分位建立**定異**、此復幾種。答。依法別相分位、建立**定異**。此復三種。謂相**定異**、因**定異**、果**定異**。

（T 607c13–16）

〔チベット語訳〕

so sor ṅes pa gnas skabs gaṅ la gdags /[1)] rnam pa du yod ce na / smras pa / chos tha dad pa'i mtshan ñid kyi gnas skabs la'o // rnam pa gsum ste / mtshan ñid **so sor ṅes pa** daṅ / rgyu **so sor ṅes pa** daṅ / 'bras bu **so sor ṅes** pa'o //

1) / P : om. D

（D źi 74a1–2, P zi 77b2–3）

yoga

【訳例】道理
【漢訳】相應（玄奘），應（真諦）
【チベット語訳】sbyor ba
【Bauddhakośa】百法 268–269

Pañcavijñānakāyasaṃprayuktamanobhūmiviniścaya

【定義的用例】

〔和訳〕（チベット語訳より）

さて、**道理**とは如何なるものか。それぞれ諸々の存在要素を言語表現し、設定し、理解するための手立てが、**道理**と呼ばれる。区別すれば、4 つの合理性（*yukti）であって、すなわち、依存するという合理性、作用をなすという合理性、論拠により証明されるという合理性、法則性という合理性が、**道理**と呼ばれる。それらの合理性の区別は以上であり、「声聞地」（ŚrBh 118*.10–120*.15 参照）の中で説かれている通りに知るべきである。

（サンスクリット原典なし）

〔漢訳〕

復次云何**相應**。謂彼彼諸法爲等言説爲等建立爲等開解諸勝方便、是謂**相應**。又此**相應**差別分別有四道理。謂觀待道理、作用道理、因成道理、法爾道理。此諸道理、當知如聲聞地等已廣分別。

（『瑜伽師地論』T 588a21–25）

何者**應**。爾爲説諸法爲安諸法爲正知法。此中方便即名爲**應**。分別有四。一者見應、二者因應、三者論義應、四者法爾應。如聲聞地後當廣説。

（『決定藏論』T 1025a23–26）

〔チベット語訳〕

de la **sbyor ba** gaṅ źe na / chos de daṅ de dag gi kun du tha sñad gdags pa daṅ / rnam par gźag pa daṅ / so sor rtogs par bya ba'i thabs gaṅ yin pa de ni **sbyor ba** źes bya'o //[1] rab tu dbye na rigs pa bźi po 'di lta ste / ltos pa'i rigs pa daṅ / bya ba byed pa'i rigs pa daṅ / 'thad pas sgrub pa'i rigs pa daṅ / chos ñid kyi rigs pa dag ni **sbyor ba** źes bya ste / rigs pa de dag gi rab tu dbye ba ni 'di lta ste / ñan thos kyi sa las 'byuṅ ba bźin du rig[2] par bya'o //

[1] // D : / P [2] *rig* D : *rigs* P

(D źi 25a7–b1, P zi 28a3–5)

【定義的用例】

〔和訳〕（チベット語訳より）

道理は如何なる状態に対する概念設定か、何種あるのか。答える。因果が対応しているという状態に対してである。〔それもまた〕3 種である。和合の**道理**と、手立ての**道理**と、合理的な仕方で作用をなすことの**道理**とである。

（サンスクリット原典なし）

〔漢訳〕

問。依何分位建立**相應**、此復幾種。答。依因果相稱分位、建立**相應**。此復三種。謂和合**相應**、方便**相應**、稱可道理所作**相應**。

（T 607c16–19）

〔チベット語訳〕

sbyor ba gnas skabs gaṅ la gdags / rnam pa du yod ce na / smras pa / rgyu daṅ 'bras bu mthun pa'i[1] gnas skabs la'o // rnam pa gsum ste / 'dus pa'i **sbyor ba** daṅ / thabs kyi **sbyor ba** daṅ / rigs pa'i tshul gyis bya ba byed pa'i **sbyor ba**'o //

[1] *pa'i* P : *pa'* D

（D źi 74a2–3, P zi 77b3–4）

java

【訳例】迅速
【漢訳】勢速（玄奘），迅疾（真諦）
【チベット語訳】mgyogs pa
【Bauddhakośa】百法 270–271

Pañcavijñānakāyasaṃprayuktamanobhūmiviniścaya

【定義的用例】

〔和訳〕（チベット語訳より）

さて、**迅速**とは如何なるものか。諸々の形成力に関して、生滅するという仕方で速やかに進行して流れることが、**迅速**と呼ばれる。…

（サンスクリット原典なし）

〔漢訳〕

復次云何**勢速**。謂諸行生滅相應速運轉性、是謂**勢速**。…

（『瑜伽師地論』T 588a26–27）

何者**迅疾**。諸行生滅迅疾不住。…

（『決定蔵論』T 1025a26）

〔チベット語訳〕

de la **mgyogs pa** gaṅ źe na / 'du byed rnams kyi 'byuṅ ba daṅ / 'jig pa'i tshul gyis myur du 'gro źiṅ rgyu ba ñid ni **mgyogs pa** źes bya'o // ...

（D źi 25b1–2, P zi 28a5–6）

【定義的用例】

〔和訳〕（チベット語訳より）

迅速は如何なる状態に対する概念設定か、何種あるのか。答える。速やかに継起するという状態に対してである。〔それもまた〕3 種である。形成力に関する**迅速**と、人のはたらきに関する**迅速**と、超人的能力に関する**迅速**とである。

（サンスクリット原典なし）

〔漢訳〕

問。依何分位建立**勢速**、此復幾種。答。依迅疾流轉分位、建立**勢速**。此復三種。謂諸行**勢速**、士用**勢速**、神通**勢速**。

（T 607c19–21）

〔チベット語訳〕

mgyogs pa gnas skabs gaṅ la gdags / rnam pa du yod ce na / smras pa / myur du 'jug pa'i gnas skabs la'o // rnam pa gsum ste / 'du byed kyi **mgyogs pa** daṅ / skyes bu'i byed pa'i **mgyogs pa** daṅ / rdzu 'phrul gyi **mgyogs pa**'o //

（D źi 74a3–4, P zi 77b4–5）

anukrama

【訳例】順序
【漢訳】次第（玄奘，真諦）
【チベット語訳】go rims
【Bauddhakośa】百法 272–273

Pañcavijñānakāyasaṃprayuktamanobhūmiviniścaya

【定義的用例】

〔和訳〕（チベット語訳より）

さて、**順序**とは如何なるものか。それぞれの形成力の流れにおいて、一つずつ前後の順に継起することが、**順序**と呼ばれる。…

（サンスクリット原典なし）

〔漢訳〕

復次云何**次第**。謂於各別行相續中、前後次第一一隨轉、是謂**次第**。…

（『瑜伽師地論』T 588b8–9）

何者**次第**。各相對諸行相續依次第生、是名**次第**。…

（『決定藏論』T 1025b4–5）

〔チベット語訳〕

de la **go rims** gaṅ źe na / 'du byed kyi rgyud so so ba dag[1) la re re nas go rims sṅa phyis 'jug pa gaṅ yin pa de ni **go rims** źes[2) bya'o // ...

1) *so so ba dag* D : *so so so so dag* P　2) *źes* D : *śes* P

（D źi 25b6–7, P zi 28b3）

【定義的用例】

〔和訳〕（チベット語訳より）

順序は如何なる状態に対する概念設定か、何種あるのか。答える。形成力が一つずつ継起するという状態に対してである。〔それもまた〕3 種である。瞬間が継起する**順序**と、自己存在（身体）が継起する**順序**と、作用を果たすことが継起する**順序**とである。

（サンスクリット原典なし）

〔漢訳〕

問。依何分位建立**次第**、此復幾種。答。依一一行流轉分位、建立**次第**。此復三種。謂刹那流轉**次第**、内身流轉**次第**、成立所作流轉**次第**。

（T 607c21–24）

〔チベット語訳〕

go rims[1] gnas skabs gaṅ la gdags / rnam pa du yod ce na / smras pa / 'du byed re re nas 'jug pa'i gnas skabs la'o // rnam pa gsum ste / skad cig [2] 'jug pa'i **go rims**[3] daṅ / lus 'jug pa'i **go rims**[4] daṅ / bya ba sgrub[5] pa 'jug pa'i **go rims** so //

[1) 3) 4)] *rims* D : *rim* P [2)] *pa'i* add. P [5)] *sgrub* D : *bsgrub* D

（D źi 74a4–5, P zi 77b5–6）

deśa

【訳例】〔空間的〕ひろがり，方面
【漢訳】方（玄奘）
【チベット語訳】yul
【Bauddhakośa】百法 274–275

Pañcavijñānakāyasaṃprayuktamanobhūmiviniścaya

【定義的用例】

〔和訳〕（チベット語訳より）

〔空間的〕ひろがりは如何なる状態に対する概念設定か、何種あるのか。答える。ものが占有するという状態に対してである。〔それもまた〕3 種である。下**方面**と、上**方面**と、横**方面**とである。

（サンスクリット原典なし）

〔漢訳〕

問。依何分位建立**方**、此復幾種。答。依所攝受諸色分位、建立**方**。此復三種。謂上、下、傍。

（T 607c26–28）

〔チベット語訳〕

yul gnas skabs gaṅ la gdags / rnam pa du yod ce na / smras pa / gzugs yoṅs su bzuṅ[1] ba'i gnas skabs la'o // rnam pa gsum ste / 'og gi **yul** daṅ / steṅ gi **yul** daṅ / thad ka'i **yul** lo //

[1] *bzuṅ* P : *gzuṅ* D

（D źi 74a6, P zi 77b7–8）

kāla

【訳例】時間
【漢訳】時（玄奘，真諦）
【チベット語訳】dus
【Bauddhakośa】百法 276–277

Pañcavijñānakāyasaṃprayuktamanobhūmiviniścaya

【定義的用例】

〔和訳〕（チベット語訳より）

さて、**時間**とは如何なるものか。日の出と〔日の〕入りを指標として分節され間接的に表示された時節の設定や、また、諸々の形成力の生滅を指標として分節され間接的に表示された〔三〕世の設定が、すなわち、〔前者が〕季節、年、月、半月、昼夜、瞬間、ラヴァ、ムフールタ、〔後者が〕過去、未来、現在という**時間**と呼ばれる。

（サンスクリット原典なし）

〔漢訳〕

復次云何**時**。謂由日輪出沒增上力故安立顯示時節差別、又由諸行生滅增上力故安立顯示世位差別、總說名**時**。此**時**差別復有多種。謂時、年、月、半月、晝夜、刹那、臘縛、牟呼栗多等位、及與過去、未來、現在。

（『瑜伽師地論』T 588b29–c4）

何者名**時**。依日出入識時分齊、依諸行法有生滅故立三世名、以名爲**時**。如年、時節、一月、半月、日夜、刹那、羅婆、牟忽多、過去現在未來等法。此名**時**者、離諸行法無有別**時**。

（『決定藏論』T 1025b19–23）

〔チベット語訳〕

de la **dus** gaṅ źe na / ñi ma 'char ba daṅ nub pa'i dbaṅ du byas te dus yoṅs su chad pa daṅ / ñe bar mtshon pa rnam par gźag pa daṅ / 'du byed rnams kyi 'byuṅ ba daṅ 'jig pa'i dbaṅ du byas te / dus yoṅs su chad pa daṅ ñe bar mtshon pa'i rnam par gźag pa ni 'di lta ste / dus tshigs daṅ / lo daṅ / zla ba daṅ / zla ba phyed daṅ / ñin mo daṅ /[1] mtshan[2] mo daṅ / skad cig daṅ / thaṅ cig daṅ / yud tsam rnams daṅ / 'das pa daṅ ma 'oṅs pa daṅ / da ltar byuṅ ba rnams kyi **dus** źes[3] bya'o //

[1] / D : om. P　[2] *mtshan* D : *mchan* P　[3] *źes* D : *śes* P　(D źi 26b1–3, P zi 29a5–7)

【定義的用例】

〔和訳〕（チベット語訳より）

時間は如何なる状態に対する概念設定か、何種あるのか。答える。形成力のつながりが途切れない状態に対してである。〔それもまた〕3 種である。過去と、未来と、現在とである。

（サンスクリット原典なし）

〔漢訳〕

問。依何分位建立**時**、此復幾種。答。依行相續不斷分位、建立**時**。此復三種。謂去、來、今。

（T 607c24–26）

〔チベット語訳〕

dus gnas skabs gaṅ la gdags / rnam pa du yod ce na / smras pa / 'du byed kyi rgyun [1] mi 'chad pa'i gnas skabs la'o // rnam pa gsum ste / 'das pa daṅ / ma 'oṅs pa daṅ / da ltar byuṅ ba'o //

[1] *rgyun* add. D

（D źi 74a5–6, P zi 77b6–7）

saṃkhyā

【訳例】数
【漢訳】數（玄奘，真諦）
【チベット語訳】graṅs
【Bauddhakośa】百法 278–279

Pañcavijñānakāyasaṃprayuktamanobhūmiviniścaya

【定義的用例】

〔和訳〕（チベット語訳より）

さて、**数**とは如何なるものか。個別の物や算数に関して、分節され間接的に表示された量の設定が、**数**と呼ばれる。…

（サンスクリット原典なし）

〔漢訳〕

復次云何**數**。謂安立顯示各別事物計算數量差別、是名爲**數**。…

（『瑜伽師地論』T 588c5–6）

何者名**數**。數諸異法令知多少、是名爲**數**。…

（『決定藏論』T 1025b23–24）

〔チベット語訳〕

de la (1rnam **graṅs**1) gaṅ źe na / rdzas tha dad pa daṅ2) bgraṅ pa'i3) tshad yoṅs su chad pa daṅ / ñe bar mtshon pa rnam par gźag pa ni **graṅs** źes4) bya'o // ...

1) sic! (Read as *graṅs*.)　2) *daṅ* D : om. P　3) *pa'i* D : *ba'i* P　4) *źes* D : *śes* P

（D źi 26b3–4, P zi 29a7–8）

【定義的用例】

〔和訳〕（チベット語訳より）

数は如何なる状態に対する概念設定か、何種あるのか。答える。存在要素の計量を表示するという状態に対してである。〔それもまた〕3 種である。単**数**と、両**数**と、複**数**とである。

（サンスクリット原典なし）

〔漢訳〕

問。依何分位建立**數**。此復幾種。答。依法齊量表了分位、建立**數**。此復三種。謂一**數**、二**數**、多**數**。

（T 607c28–608a2）

〔チベット語訳〕

graṅs gnas skabs gaṅ la gdags / rnam pa du yod ce na / smras pa / chos yoṅs su gźal ba yaṅ dag par mtshon pa'i gnas skabs la'o // rnam pa gsum ste / gcig gi **graṅs** daṅ / gñis kyi **graṅs** daṅ / maṅ po'i **graṅs** so //

（D źi 74a6–7, P zi 77b8–78a1）

sāmagrī

【訳例】総合体
【漢訳】和合（玄奘），和合性（真諦）
【チベット語訳】tshogs pa
【Bauddhakośa】百法 280–281

Pañcavijñānakāyasaṃprayuktamanobhūmiviniścaya

【定義的用例】

〔和訳〕（チベット語訳より）

さて、**総合体**とは如何なるものか。それぞれの諸存在要素を生じるための諸々の原因であるもの、および諸々の条件であるもの、それらすべてがひとつにまとまったものが、**総合体**と呼ばれる。その同じものが、共働因とも呼ばれる。…

（サンスクリット原典なし）

〔漢訳〕

復次云何**和合**。謂能生彼彼諸法諸因諸縁、總略爲一、説名**和合**。即此亦名同事因。…

（『瑜伽師地論』T 587b29–c2）

何者**和合性**。因縁具足諸法得生、種種因縁種種法生、名共作因。…

（『決定蔵論』T 1024c15–17）

〔チベット語訳〕

de la **tshogs pa** gaṅ źe na / chos de daṅ de dag skyed pa'i phyir gaṅ dag rgyur gyur pa daṅ / gaṅ dag[1] rkyen du gyur pa de dag thams cad gcig tu bsdus pa ni **tshogs pa** źes bya ste / de ñid lhan cig byed pa'i rgyu źes kyaṅ bya'o // ...

[1] *dag* D : om. P

（D źi 23b6–7, P zi 26b3–4）

【定義的用例】

〔和訳〕（チベット語訳より）

総合体は如何なる状態に対する概念設定か、何種あるのか。答える。作用の一部が欠けていることがないという状態に対してである。〔それもまた〕3 種である。和合としての**総**

合体と、一体としての**総合体**と、円満としての**総合体**とである。

（サンスクリット原典なし）

〔漢訳〕

問。依何分位建立**和合**。此復幾種。答。依所作支無闕分位、建立**和合**。此復三種。謂集會**和合**、一義**和合**、圓滿**和合**。

（T 608a2–4）

〔チベット語訳〕

tshogs pa gnas skabs gaṅ la gdags / rnam pa du yod ce na / smras pa / bya ba'i yan lag ma tshaṅ pa med pa'i gnas skabs la'o // rnam pa gsum ste / 'dus pa'i **tshogs pa**[1)] daṅ / don gcig gi **tshogs pa**[2)] daṅ / yoṅs su rdzogs pa'i **tshogs pa**'o //

[1) 2)] *pa* D : om. P

（D źi 74a7–b1, P zi 78a1–2）

asāmagrī

【訳例】非総合体
【漢訳】不和合（玄奘）
【チベット語訳】ma tshogs pa
【Bauddhakośa】百法 282

Pañcavijñānakāyasaṃprayuktamanobhūmiviniścaya

【定義的用例】

〔和訳〕（チベット語訳より）

非総合体は如何なる状態に対する概念設定か、何種あるのか。答える。非総合体に関する状態と区別は、総体と逆の点から知るべきである（→ sāmagrī: 119–120 頁参照）。

（サンスクリット原典なし）

〔漢訳〕

問。依何分位建立**不和合**。此復幾種。答。與和合相違、應知不和合若分位若差別。

（T 608a4–6）

〔チベット語訳〕

ma tshogs pa gnas skabs gaṅ la gdags / rnam pa du yod ce na / smras pa / ma tshogs pa'i gnas skabs daṅ / rab tu dbye ba ni tshogs pa las bzlog pa las rig par bya'o //

（D źi 74b1–2, P zi 78a2–3）

ākāśa

【訳例】空間
【漢訳】虚空（玄奘，真諦）
【チベット語訳】nam mkha'
【Bauddhakośa】七十五法 190–192，百法 283–285，パーリ文献 221–224

Pañcavijñānakāyasaṃprayuktamanobhūmiviniścaya

【定義的用例】

〔和訳〕（チベット語訳より）

さて、**空間**とは如何なるものか。ただ物質的なものが存在しないだけのことによって発生したものが、**空間**である。というのも、ものの有り様を認識しない場においては**空間**〔がある〕という想念が生じることになる。従って、それ（空間）もまた、概念設定としての存在であると知るべきであり、実体として〔の存在〕ではない。

（サンスクリット原典なし）

〔漢訳〕

復次**虚空**云何。謂唯諸色非有所顯、是名**虚空**。所以者何。若處所行都無所得、是處方有**虚空**想轉。是故當知此唯假有非實物有。

（『瑜伽師地論』T 593a15–18）

何者**虚空**。唯無色處顯現**虚空**。何故空處。無一切色説名**虚空**。是故假名説空非是實法。

（『決定藏論』T 1028c17–19）

〔チベット語訳〕

de la **nam mkha'** gaṅ źe na / gzugs med pa tsam gyis rab tu phye ba ni **nam mkha'** yin te / 'di ltar gaṅ la gzugs kyi rnam pa mi dmigs pa de la **nam mkha**'i 'du śes 'byuṅ bar 'gyur bas de'i phyir de yaṅ btags[1] pa'i yod pa yin par rig par bya'i rdzas[2] su ni ma yin no //

[1] *btags* P : *brtags* D　[2] *rdzas* P : *rdzes* D

（D źi 37a4–5, P zi 39b1–2）

apratisaṃkhyānirodha

【訳例】考察によらない抑止
【漢訳】非擇滅（玄奘），非數滅（真諦）
【チベット語訳】so sor brtags pa ma yin pa'i 'gog pa
【Bauddhakośa】七十五法 197–200, 百法 290–293; cf. パーリ文献 212–215

Pañcavijñānakāyasaṃprayuktamanobhūmiviniścaya

【定義的用例】

〔和訳〕（チベット語訳より）

考察によらない抑止とは如何なるものか。それ以外〔の存在要素〕が生じるための条件が現前しているとき、それ以外〔の存在要素〕が生じるので、それ以外〔の存在要素〕が生じず寂静であるという抑止一般が、**考察によらない抑止**と呼ばれる。そのときに生じずに生じるときを過ぎたものは、そのときに決して生じない。従って、それもまた、概念設定としての存在であり、実体として存在するのではない。それの固有の特徴は、別様には何ら認められない。またそれは、法の有り様とは離れていない以上、別のときに条件と遭遇すれば生じる。従って、そうした**考察によらない抑止**は決定的なものではない。…

（サンスクリット原典なし）

〔漢訳〕

復次云何**非擇滅**。謂若餘法生縁現前、餘法生故、餘不得生唯滅唯靜名**非擇滅**。諸所有法此時應生、越生時故彼於此時終不更生。是故此滅亦是假有非實物有。所以者何。此無有餘自相可得故。此法種類非離繫故。復於餘時遇縁可生。是故**非擇滅**非一向決定。…

（『瑜伽師地論』T 593a19–25）

何者**非數滅**。以因縁自得現前故生諸法、離此生因、餘法不生究竟寂滅名**非數滅**。是時諸法即不得生。過此生時不復更生。未來未起不得言有。若未來法因縁應生、和合則生。爲誰所遮而令不生。名之爲常。是故無別一法名**非數滅**。…

（『決定藏論』T 1028c19–24）

〔チベット語訳〕

so sor brtags[1)]**pa ma yin pa'i 'gog pa** gaṅ źe na / de las gźan pa skye ba'i rkyen mṅon du gyur pa na de las gźan pa skye bas / de las gźan pa mi skye źiṅ ñe bar źi ba'i 'gog pa tsam ni **so sor brtags**[2)]**pa ma yin pa'i 'gog pa** źes bya ste / gaṅ de'i tshe na ma skyes śiṅ skye ba'i dus las thal ba de ni de'i tshe nam yaṅ skye bar mi 'gyur bas / de'i phyir de yaṅ btags[3] pa'i yod pa yin gyi rdzas[4] su yod pa ni ma yin no //[5] de'i raṅ gi mtshan ñid ni gźan cuṅ zad kyaṅ mi dmigs so // de yaṅ chos kyi rnam pa daṅ ma bral ba'i phyir dus gźan gyi tshe rkyen daṅ phrad na 'byuṅ bar 'gyur bas de'i phyir **so sor brtags**[6] **pa ma yin pa'i 'gog pa** de ni gtan du ba ma yin no // ...

[1) 2) 6)] *brtags* D : *btags* P   [3)] *btags* P : *brtags* D   [4)] *rdzas* P : *rdzes* D   [5)] *no //* D : *te /* P

(D źi 37a5–b1, P zi 39b2–5)

十二支縁起項目語の定義的用例集

Definitions of Terms of the Twelve Members of *pratītyasamutpāda*

1 avidyā

【訳例】無知蒙昧
【漢訳】無明（玄奘）
【チベット語訳】ma rig pa

Pratītyasamutpādādivibhaṅganirdeśasūtra

【サンスクリットで現存する『縁起経』の定義的用例】

〔和訳〕

「**無知蒙昧**を条件とする諸々の形成力」という中で、**無知蒙昧**とは如何なるものか。

（1）かつてについての無知、（2）のちについての無知、（3）かつてとのちについての無知、（4）内的な無知、（5）外的な無知、（6）内的かつ外的な無知、（7）行為についての無知、（8）〔行為の〕異熟についての無知、（9）行為と〔その〕異熟についての無知、（10）仏陀についての無知、（11）教法についての無知、（12）僧団についての無知、（13）苦しみ〔であるという事実（苦諦）〕についての無知、（14）〔苦しみには〕起源〔があるという事実（集諦）〕についての無知、（15）〔苦しみには〕消滅〔があるという事実（滅諦）〕についての無知、（16）〔苦しみを消滅するための〕道〔があるという事実（道諦）〕についての無知、（17）原因についての無知、（18）原因によって起こった諸々の存在要素についての無知、〔すなわち諸々の存在要素として〕（18-a）善なるものや不善なるものについて〔の無知〕、（18-b）罪過があるものや罪過がないものについて〔の無知〕、（18-c）仕えるべきものや仕えるべきでないものについて〔の無知〕、（18-d）劣ったものである黒と勝れたものである白と〔それらを〕個々の部分として有するものとによって縁起した諸々の存在要素についての無知、（19）或いはさらに、6 つの接触の場に対してあるがままに通達することについての〔無知〕[1]、以上である。

以上のそれらについての、あるがままのものごとに関する無知、見聞しないこと、ありありと覚知しないこと、暗黒、蒙昧、無知蒙昧という闇、こうしたものが**無知蒙昧**であると言われる。

[1] Vaidya 本への訂正に関して、連声規則を適用した°saṃprativedha の語末を依格とみなし、さらにこれについての ajñānam の語が省略されていると理解した。この訂正は連声規則の適用のみで済むものであり、漢訳、並びに、『瑜伽師地論』「有尋有伺等三地」の個別解説における引用からも支持される（134 頁参照）。一方、チベット語訳や他文献における引用箇所では当該複合語に否定辞を含むが、この点について、詳しくは室寺［2008: 53（上段の表の注記*…*)］を参照されたい。

〔原文〕

avidyā-pratyayāḥ saṃskārā ity **avidyā** katamā. yat pūrvānte 'jñānam, aparānte 'jñānam, pūrvāntâparānte 'jñānam, adhyātmam ajñānam, bahirdhâjñānam, adhyātma-bahirdhâ-jñānam, karmaṇy ajñānam, vipāke 'jñānam, karma-vipāke 'jñānam, buddhe 'jñānam, dharme 'jñānam, saṅghe 'jñānam, duḥkhe 'jñānam, samudaye 'jñānam, nirodhe 'jñānam, mārge 'jñānam, hetāv ajñānam, hetu-samutpanneṣu dharmeṣv ajñānam, kuśalâkuśaleṣu sâvadyânavadyeṣu sevitavyâsevitavyeṣu hīnapraṇīta-kṛṣṇaśukla-sapratibhāga-pratītya-samutpanneṣu dharmeṣv ajñānam, ṣaṭsu vā punaḥ sparśâyataneṣu yathābhūta-saṃprativedha[1] iti.

yad atra tatra yathābhūtasyâjñānam, adarśanam, anabhisamayaḥ, tamaḥ, saṃmohaḥ, avidyândhakāram, iyam ucyate **'vidyā**.

1) *yathābhūtasaṃprativeda* em. : *yathābhūta<tā?>saṃpratibedhaḥ* PSĀVN

（PSĀVN 117.12–19; cf. Ch. T 547b18–c4, Tib. D 123b7–124a4, P 131a6–b3）

Savitarkasavicārādibhūmi

【定義的用例】

〔和訳〕 —19 の有り様をともなう無知の三世という観点—

(1)〔『縁起経』における個別解説の〕その中で、“かつてについての無知”とは如何なるものか。過去の諸々の形成力を、根源的な正しさを欠いて「一体、私は過去世に生存していたのであろうか。それとも、私は過去世には生存していなかったのであろうか。一体、私は何者であったのであろうか。そして、どのようであったのであろうか」と構想しているときの無知である。

(2)“のちについての無知”とは如何なるものか。未来の諸々の形成力を、根源的な正しさを欠いて「一体、私は未来世に生存するのであろうか。それとも、私は未来世には生存しないのであろうか。私は何者となるのであろうか。どのようになるのであろうか」と構想しているときの無知である。

(3)“かつてとのちについての無知”とは如何なるものか。内的に、根源的な正しさを欠いて「今は何者でいて、やがて何者となるのであろうか。この生き物存在はどこからやって来て、この世から死没したときにはどこに行くことになるのであろうか」と疑念を抱えているときの無知である。

〔原文〕

tatra *pūrvānte 'jñānaṃ* katamat. atītān saṃskārān[1] ayoniśaḥ kalpayataḥ, kiṃ[2] nv aham abhūvam atīte 'dhvani, āhosvin nâham abhūvam atīte 'dhvani, ko nv aham abhūvam, kathaṃ câbhūvam[3] iti yad ajñānam.

aparānte 'jñānaṃ katamat. anāgatān saṃskārān ayoniśaḥ kalpayataḥ, kiṃ nv ahaṃ bhaviṣyāmy anāgate 'dhvani, āhosvin nâhaṃ bhaviṣyāmy anāgate 'dhvani, ko[4] bhaviṣyāmi, kathaṃ bhaviṣyāmîti yad[5] ajñānam.

pūrvāntâparānte 'jñānaṃ katamat. adhyātmam ayoniśaḥ kathaṃkathī bhavataḥ, ke santaḥ, ke bhaviṣyāmaḥ, ayaṃ sattvaḥ kuta āgataḥ, itaś cyutaḥ[6] kutra gāmī bhaviṣyatîti yad ajñānam.

[1] *saṃskārān* Ms : *asaṃskārān* YBh [2] *kiṃ* em. : *kiṃka* YBh, *ki* Ms [3] *cābhūvam* em. : *vābhūvam* YBh, *cabhūvam* Ms [4] *ko* em. : *kiṃ* YBh Ms [5] *yad* Ms : om. YBh [6] *cyutaḥ* Ms : *cutaḥ* YBh

（YBh 204.2–10, Ms 55a6–b1）

〔漢訳〕

於前際無知云何。謂於過去諸行、起不如理分別、謂我於過去爲曾有耶、爲曾無耶、曾何體性、曾何種類、所有無知。

於後際無知云何。謂於未來諸行、起不如理分別、謂我於未來爲當有耶、爲當無耶、當何體性、當何種類、所有無知。

於前後際無知云何。謂於内起不如理猶豫、謂何等是我、我爲何等、今此有情、從何所來、於此沒已、當往何所、所有無知。

（T 322b3–11）

〔チベット語訳〕

de la sṅon gyi mtha' mi śes pa gaṅ źe na / 'das pa'i 'du byed rnams la tshul bźin ma yin par rtog pa'i ste / ci bdag 'das pa'i dus na byuṅ ba źig gam / 'on te bdag 'das pa'i dus na ma byuṅ ba źig / bdag cir gyur pa źig / bdag ji lta bur gyur pa źig sñam pa'i mi śes pa gaṅ yin pa'o //

phyi ma'i mtha' mi śes pa gaṅ źe na / ma 'oṅs pa'i 'du byed rnams la tshul bźin ma yin par rtog pa'i ste / ci bdag ma 'oṅs pa'i dus na 'byuṅ bar 'gyur ram / 'on te bdag ma 'oṅs pa'i dus na 'byuṅ bar mi 'gyur ba źig / bdag cir 'gyur ji lta bu źig tu 'gyur sñam pa'i mi śes pa gaṅ yin pa'o //

sṅon gyi mtha' daṅ phyi ma'i mtha' mi śes pa gaṅ źe na / naṅ du tshul bźin ma yin par the tshom can gyi tshul gyis ci źig yod / cir 'gyur /[1] sems can 'di dag gaṅ nas 'oṅs / 'di nas śi 'phos nas gaṅ du 'gro bar 'gyur sñam pa'i mi śes pa gaṅ yin pa'o //

[1] / D : om. P

（D 104a4–7, P 119a2–5）

〔和訳〕 ―19の有り様をともなう無知の自他という観点―

(4)“内的な無知”とは如何なるものか。個々の自己に帰属する諸々の形成力を、根源的な正しさを欠いてアートマンとして思惟しているときの無知である。

(5)“外的な無知”とは如何なるものか。生き物存在の数の内に入らない外的な諸々の形成力を、根源的な正しさを欠いて自己の所有物として思惟しているときの無知である。

(6)“内的かつ外的な無知”とは如何なるものか。他者の〔身心の〕流れに帰属する諸々の形成力を、根源的な正しさを欠いて味方か敵か第三者として構想しているときの無知である。

〔原文〕

adhyātmam ajñānaṃ katamat. pratyātmikān saṃskārān ayoniśa ātmato[1] manasikurvato yad ajñānam.

bahirdhâjñānaṃ[2] katamat. bāhyān a-sattvasaṃkhyātān[3] saṃskārān ātmīyato 'yoniśo manasikurvato yad ajñānam.

adhyātma-bahirdhâjñānaṃ katamat. pārasāṃtānikān saṃskārān mitrâmitrôdāsīnato 'yoniśaḥ kalpayato yad ajñānam.

[1] *ātmato* Ms : *ātmanā* YBh [2] *bahirdhājñānaṃ* Ms (*bahirdhā ajñānaṃ*) : *bahirdhā jñānaṃ* YBh [3] *asattvasaṃkhyātān* Ms : *sattvasaṃkhyātān* YBh

(YBh 204.10–15, Ms 55b1–2)

〔漢訳〕

於内無知云何。謂於各別諸行、起不如理作意、謂之爲我、所有無知。

於外無知云何。謂於外非有情數諸行、起不如理作意、謂爲我所、所有無知。

於内外無知云何。謂於他相續諸行、起不如理分別、謂怨親中、所有無知。

(T 322b11–16)

〔チベット語訳〕

naṅ mi śes pa gaṅ źe na / so sor[1] raṅ gi 'du byed rnams la tshul bźin ma yin par bdag tu yid la byed pa'i mi śes pa gaṅ yin pa'o //

phyi rol mi śes pa gaṅ źe na / phyi rol gyi 'du byed sems can du ston pa ma yin pa rnams la bdag gi bar tshul bźin ma yin par yid la byed pa'i mi śes pa gaṅ yin pa'o //

naṅ daṅ phyi rol mi śes pa gaṅ źe na / pha rol gyi rgyud la yod pa'i 'du byed rnams la mdza' bśes daṅ / dgra daṅ / tha mal par tshul bźin ma yin par rtog pa'i mi śes pa gaṅ yin pa'o //

[1] *sor* D : *so* P

(D 104a7–b2, P 119a5–8)

〔和訳〕 —19の有り様をともなう無知の業果という観点—

(7)“行為についての無知”とは如何なるものか。行為の動作主体を、根源的な正しさを欠いて構想しているときの無知である。

(8)“〔行為の〕異熟についての無知”とは如何なるものか。〔行為の〕異熟結果によって包摂された諸々の形成力を、根源的な正しさを欠いて享受者であるとして構想しているときの無知である。

(9)“行為と〔その〕異熟についての無知”とは如何なるものか。ありのままを離れて、行為とその結果とを、根源的な正しさを欠いて構想しているときの無知である。

〔原文〕

karmaṇy ajñānaṃ katamat. karma-kartāram ayoniśaḥ kalpayato yad ajñānam.

vipāke 'jñānaṃ katamat. vipākaphala-saṃgṛhītān saṃskārān vedakato 'yoniśaḥ kalpayato yad ajñānam.

karma-vipāke 'jñānam katamat. vitathaṃ karma tat-phalaṃ câyoniśaḥ kalpayato yad ajñānam.

(YBh 204.15–18, Ms 55b2–3)

〔漢訳〕

於業無知云何。謂於諸業、起不如理分別、謂有作者、所有無知。

於異熟無知云何。謂於異熟果所攝諸行、起不如理分別、謂有受者、所有無知。

於業異熟無知云何。謂於業及果、起不如理分別、所有無知。 (T 322b16–21)

〔チベット語訳〕

las mi śes pa gaṅ źe na / las kyi byed pa por tshul bźin ma yin par rtog pa'i mi śes pa gaṅ yin pa'o //

rnam par smin pa mi śes pa gaṅ źe na / rnam par smin pa'i 'bras bur bsdus pa'i 'du byed rnams la tshor ba por[1] tshul bźin ma yin par rtog pa'i mi śes pa gaṅ yin pa'o //

las daṅ[2] rnam par smin pa mi śes pa gaṅ źe na / las daṅ de'i 'bras bu phyin ci log par tshul bźin ma yin par rtog pa'i mi śes pa gaṅ yin pa'o //

[1] *por* D : *po* P [2] *daṅ* P : *kyi* D (D 104b2–4, P 119a8–b2)

〔和訳〕 —19の有り様をともなう無知の三宝という観点—

(10)“仏陀についての無知”とは如何なるものか。諸仏が悟っていることについて、思惟しなかったり、誤って思惟したり、放逸であったり、疑惑を抱いたり、誹謗したりしているときの無知である。

（11）“教法についての無知”とは如何なるものか。教法が善く説かれていることについて、思惟しなかったり、誤って思惟したり、放逸であったり、疑惑を抱いたり、誹謗したりしているときの無知である。

（12）“僧団についての無知”とは如何なるものか。僧団が正しい歩みを進めていることについて、思惟しなかったり、誤って思惟したり、放逸であったり、疑惑を抱いたり、誹謗したりしているときの無知である。

〔原文〕

buddhe 'jñānaṃ katamat. buddhānāṃ bodhim amanasikurvato vā mithyā vā manasikurvataḥ pramādyato vā kāṅkṣato vâpavadato vā yad ajñānam.

dharme 'jñānaṃ katamat. dharmasya svākhyātatām amanasikurvato vā mithyā vā manasikurvataḥ pramādyato vā kāṅkṣato vâpavadato vā yad ajñānam.

saṅghe 'jñānaṃ katamat. saṅghasya supratipattim amanasikurvato vā mithyā vā manasikurvataḥ pramādyato vā kāṅkṣato vâpavadato vā yad ajñānam.

（YBh 204.18–23, Ms 55b3–4）

〔漢訳〕

於佛無知云何。謂於佛菩提、或不思惟、或邪思惟、或由放逸、或由疑惑、或由毀謗、所有無知。

於法無知云何。謂於正法善說性、或不思惟、或邪思惟、或由放逸、或由疑惑、或由毀謗、所有無知。

於僧無知云何。謂於僧正行、或不思惟、或邪思惟、或由放逸、或由疑惑、或由毀謗、所有無知。（T 322b21–28）

〔チベット語訳〕

saṅs rgyas mi śes pa gaṅ źe na / saṅs rgyas rnams kyi byaṅ chub yid la mi byed pa'am / log par yid la byed pa'am / bag med pa'am / yid gñis za ba'am / skur pa 'debs pa'i mi śes pa gaṅ yin pa'o //

chos [1] mi śes pa gaṅ źe na / chos kyi[2] legs par bsruṅs pa yid la mi[3] byed pa'am / log par yid la byed pa'am / bag med pa'am / yid gñis za ba'am / skur pa 'debs pa'i mi śes pa gaṅ yin pa'o //

dge 'dun mi śes pa gaṅ źe na / dge 'dun gyi[4] legs par bsgrubs[5] pa yid la mi byed pa'am / log par yid la byed pa'am / bag med pa'am / yid gñis za ba'am / skur pa 'debs pa'i mi śes pa gaṅ yin pa'o //

[1] *kyi* add. D [2] *kyi* P : *kyis* D [3] *mi* D : om. P [4] *gyi* P : *gyis* D [5] *bsgrubs* D : *bsgrub* P

（D 104b4–6, P 119b2–5）

〔和訳〕 ―19の有り様をともなう無知の四諦という観点―

(13)"苦しみ〔であるという事実(苦諦)〕についての無知"とは如何なるものか。苦しみを苦しみとして思惟しなかったり、誤って思惟したり、放逸であったり、疑惑を抱いたり、誹謗したりしているときの無知である。

(14–16)"苦しみについて〔の無知〕"のように、"〔苦しみには〕起源〔があるという事実(集諦)〕、〔苦しみには〕消滅〔があるという事実(滅諦)〕、〔苦しみを消滅するための〕道〔があるという事実(道諦)〕についての"無知も同様であると見るべきである。

〔原文〕

duḥkhe 'jñānaṃ katamat. duḥkhaṃ duḥkhato 'manasikurvato vā mithyā vā manasikurvataḥ pramādyato vā kāṅkṣato vâpavadato vā yad ajñānam.

yathā *duḥkha* evaṃ *samudaye nirodhe mārge* 'jñānāni draṣṭavyāni.

(YBh 204.23–205.2, Ms 55b4–5)

〔漢訳〕

於苦無知云何。謂於苦是苦性、或不思惟、或邪思惟、或由放逸、或由疑惑、或由毀謗、所有無知。

如於苦、當知於集滅道無知亦爾。

(T 322b28–c2)

〔チベット語訳〕

sdug bsṅal mi śes pa gaṅ źe na / sdug bsṅal la sdug bsṅal du yid la mi byed pa'am / log par yid la byed pa'am / bag med pa'am / yid gñis za ba'am / skur pa 'debs pa'i mi śes pa gaṅ yin pa'o //

sdug bsṅal la ji lta ba bźin du / kun 'byuṅ ba[1] daṅ / 'gog pa daṅ / lam mi śes pa rnams kyaṅ de bźin du blta[2] bar bya'o //

[1] *ba* D : om. P [2] *blta* D : *lta* P

(D 104b6–105a1, P 119b5–7)

〔和訳〕 ―19の有り様をともなう無知の因果という観点―

(17)"原因についての無知"とは如何なるものか。原因を持たないと構想したり、あるいは、主宰神や物質原理や〔物質原理とは〕別の精神原理等という不適切な原因を、根源的な正しさを欠いて構想したりしているときの無知である。

(18)"原因について〔の無知〕"のように、"原因によって起こった諸々の形成力について〔の無知〕"も同様である。さらに、それら〔の諸々の形成力〕は、(18-a)罪過がないから“善なるもの”であり、罪過があるから“不善なるもの”であり、(18-b) 利益があるから“仕えるべきもの”であり、利益がないからもの“仕えるべきでないもの”であり、(18-c) 黒であるから“罪過があるもの”であり、白であるから“罪過がないもの”であり、(18-d) 混在するから“〔以上の〕個々の部分を有するもの”でもある。

〔原文〕

hetāv ajñānaṃ katamat. ahetukaṃ vā kalpayato viṣama-hetuṃ vêśvara-prakṛti-puruṣântarâdikaṃ [1] ayoniśaḥ kalpayato yad ajñānam.

yathā *hetāv* evaṃ *hetu-samutpanneṣu saṃskāreṣu*. te punaḥ *kuśalā* anavadyatvāt, *akuśalāḥ* sâvadyatvāt, *sevitavyā* hitatvāt, *asevitavyā* ahitatvāt, *sâvadyāḥ* kṛṣṇatvāt, *anavadyāḥ* śuklatvāt, *sapratibhāgā* vyāmiśratvāt.

[1] *vā* add. YBh Ms

(YBh 205.3–8, Ms 55b5–6)

〔漢訳〕

於因無知云何。謂起不如理分別、或計無因、或計自在世性士夫中間等不平等因、所有無知。如於因無知、於從因所生諸行亦爾。又彼無罪故名善、有罪故名不善、有利益故名應修習、無利益故名不應修習、黒故名有罪、白故名無罪、雜故名有分。

(T 322c2–8)

〔チベット語訳〕

rgyu mi śes pa gaṅ źe na / rgyu med par rtog pa'am / mi mthun pa'i rgyu [1] dbaṅ phyug daṅ / raṅ bźin daṅ / skyes bu gźan la sogs par tshul bźin ma yin par rtog pa'i mi śes pa gaṅ yin pa'o //

rgyu ji lta bar rgyu las byuṅ ba'i 'du byed rnams la yaṅ de bźin te / de dag ni kha na ma tho ba med pa'i phyir dge ba'o // [2] kha na ma tho ba daṅ bcas pa'i phyir mi dge ba'o // phan pa'i phyir brten par bya ba'o[3] // gnod pa'i phyir brten par bya ba ma yin pa'o // gnag pa'i phyir kha na ma tho ba daṅ bcas pa'o // dkar ba'i phyir kha na ma tho ba med pa'o // 'dres pa'i phyir so so'i cha yod pa'o //

[1] *daṅ* / add. D [2] *de dag ni* add. D [3] *bya ba'o* D : *bya'o* P

(D 105a1–3, P 119b7–120a1)

〔和訳〕 —19 の有り様をともなう無知の通達という観点—

(19)“6 つの接触の場に対してあるがままに通達することについての無知”とは如何なるものか。〔通達結果としての〕理解について心力が逆転し、慢心を抱く者が有する無知である。

そうしたこれらをまとめると 19 の有り様をともなう無知となる。

〔原文〕

ṣaṭsu sparśâyataneṣu yathābhūta-saṃprativedhe 'jñānaṃ katamat. adhigame viparyasta-cetasa ābhimānikasya yad ajñānam.

tad etad abhisamasyâikānnaviṃśaty-ākāram[1)] ajñānaṃ bhavati.

1) *abhisamasyaikānnaviṃśaty°* Ms : *abhisamasya viṃśaty°* YBh

（YBh 205.9–11, Ms 55b6）

〔漢訳〕

於六觸處如實通達無知云何。謂增上慢者、於所證中、顛倒思惟、所有無知。

如是略說十九種無知。

（T 322c8–10）

〔チベット語訳〕

reg pa'i skye mched drug la yaṅ dag pa ji lta ba bźin du yaṅ dag par rtog pa mi śes pa gaṅ źe na / rtogs[1)] pa la sems phyin ci log tu gyur pa mṅon pa'i ṅa rgyal can gyi mi śes pa gaṅ yin pa ste / de dag bsdoms na mi śes pa rnam pa bcu dgu yod do //

1) *rtogs* P : *rtog* D

（D 105a3–4, P 120a1–2）

〔和訳〕 —7 種の無知—

さらに他に、7 種の無知がある。(I)〔三〕世についての蒙昧、(II) 事物についての蒙昧、(III) 転生についての蒙昧、(IV) 最勝についての蒙昧、(V) 真実についての蒙昧、(VI) 汚れと清らかさについての蒙昧、(VII) 慢心についての蒙昧である。

その場合、19 種の無知と 7 種の無知とは、何によって何を包摂すると見るべきか。〔19 種の無知の中で〕(1–3) 最初の 3 つの無知によって〔7 種の蒙昧の中で〕(I) 最初の 1 つを包摂する。次に (4–6) 3 つによって (II) 続く第 2 を、次に (7–9) 3 つによって (III) 続く第 3 を、次に (10–12) 3 つによって (IV) 続く第 4 を、次に (13–16) 4 つによって (V) 続く第 5 を、次に (17, 18, -a, -b, -c, -d) 6 つ[1] によって (VI) 第 6 を、(19) 最後の 1 つによって (VII) 第 7 を〔包摂する〕。

[1] テキストと内容に関して問題がある。チベット語訳では drug gis とあり、漢訳では六とする版本もあることから、テキストは ṣaḍbhir であったと考えられる。しかしその場合、「最初の 3 つの無知によって」以下、包摂する無知の総数が 3+3+3+3+4+6+1=23 となり、19 種の無知とされていることと合わない。この ṣaḍbhir 以外は数の言及が教説内容とよく一致して問題も見当たらないことから、(18) を内容的に分けて数え、(17) (18, -a, -b, -c, -d) について 6 と言及しているものと解釈した。これに対し、19 種の無知と数えることをあくまで前提とし、総数が 19 にならないような数え方を避けるならば、他の箇所に比べて問題のある可能性が高い ṣaḍbhir を、(17, 18) の 2 種を指す「第 6」として解釈する他ないように思われる。

〔原文〕

punar anyat sapta-vidham ajñānam. adhva-saṃmoho vastu-saṃmohaḥ saṅkrānti-saṃmoho 'gra-saṃmohas tattva-saṃmohaḥ saṃkleśa-vyavadāna-saṃmoho 'bhimāna-saṃmohaś ca. yac câikānnaviṃśati-vidham[1] ajñānaṃ yac ca sapta-vidham ajñānaṃ tatra kena kasya saṃgraho draṣṭavyaḥ. tribhiḥ prathamair ajñānaiḥ prathamasyâikasya saṃgrahaḥ. punas tribhir anu dvitīyasya, punas tribhir anu tṛtīyasya,[2] punas tribhir anu caturthasya, punaś caturbhir anu pañcamasya, punaḥ ṣaḍbhir anu ṣaṣṭhasya, paścimenâikena saptamasya.

[1] *caikānnaviṃśati*° Ms : *ca viṃśati*° YBh [2] *punas tribhir anu tṛtīyasya* Ms : om. YBh

(YBh 205.11–16, Ms 55b6–7)

〔漢訳〕

復有七種無知。一世愚、二事愚、三移轉愚、四最勝愚、五真實愚、六染淨愚、七増上慢愚。前十九無知、今七無知、相攝云何。謂初三無知攝初一、次三無知攝第二、次三無知攝第三、次三無知攝第四、次四無知攝第五、次二[1] 無知攝第六、後一無知攝第七。

[1] 二に関して、〔原文〕の ṣaḍbhir との対応を踏まえ、㊂㊪㊗の異読に従って六として読む。

(T 322c11–16)

〔チベット語訳〕

gźan yaṅ mi śes pa rnam pa bdun yod de / dus la rmoṅs pa daṅ / dṅos po la rmoṅs pa daṅ / 'pho ba la rmoṅs pa daṅ / mchog la rmoṅs pa daṅ / de kho na la rmoṅs pa daṅ / kun nas ñon moṅs pa daṅ /[1] rnam par byaṅ ba la rmoṅs pa daṅ / mṅon pa'i ṅa rgyal gyis rmoṅs pa'o // mi śes pa rnam pa bcu dgu po[2] gaṅ yin pa daṅ / mi śes pa rnam pa bdun po gaṅ yin pa de la /[3] gaṅ gis gaṅ bsdus par blta bar bya źe na / mi śes pa daṅ po gsum gyis ni daṅ po gcig bsdus so // 'og ma gsum gyis ni gñis pa bsdus so // 'og ma gsum gyis ni gsum pa bsdus so // 'og ma gsum gyis ni bźi pa bsdus so // 'og ma bźis ni lṅa pa bsdus so // 'og ma drug gis ni drug pa bsdus so // tha ma gcig gis ni bdun pa bsdus so //

[1) 3)] / D : om. P　[2)] *po* D : om. P

（D 105a4–7, P 120a2–6）

〔和訳〕 —5 つの有り様をともなう無知—

さらに他に、5 つの有り様をともなう無知がある。(i) 目的対象についての蒙昧、(ii) 見解についての蒙昧、(iii) 放逸についての蒙昧、(iv) 真実の意味についての蒙昧、(v) 慢心についての蒙昧である。

19 種の無知と 5 種〔の無知〕とは、如何なるものによって何を包摂すると見るべきか。

(ii) 見解についての蒙昧によって、〔19 種の無知の中で〕(1–6) 先行する 6 つと (18) "原因によって起こった諸々の存在要素[1]について" の無知とを包摂すると見るべきである。(iii) 放逸についての蒙昧によって、(7–9) "行為" と "〔行為の〕異熟" とその両者についての無知を包摂し、(iv) 真実の意味についての蒙昧によって、(10–16) "仏陀" に始まり、"道" の事実 (道諦) に終わる諸々についての無知を包摂し、(v) 慢心についての蒙昧によって、(19) 最後を〔包摂し〕、さらに、(i) 目的対象についての蒙昧によって、〔19 種の無知〕すべてを包摂すると見るべきである。

[1] 存在要素 (dharma)。ここでは、"…諸々の形成力について〔の無知〕" という表現 (133 頁の〔和訳〕(18) 参照) に対して、"…諸々の存在要素についての無知" というように、「形成力」から「存在要素」へと経典伝承の用語が代わっている。

〔原文〕

punar anyat pañcâkāram ajñānam. artha-saṃmoho dṛṣṭi-saṃmohaḥ pramāda-saṃmohas tattvârtha-saṃmoho 'bhimāna-saṃmohaś ca.

yac câikānnaviṃśatividham[1] ajñānaṃ yac ca pañcavidhaṃ katamena kasya saṃgraho draṣṭavyaḥ. dṛṣṭi-saṃmohena pūrvakānāṃ ṣaṇṇāṃ, *hetu-samutpanneṣu* ca *dharmeṣv* ajñānasya saṃgraho draṣṭavyaḥ. pramāda-saṃmohena *karmaṇi vipāke* tadubhaye câjñānasya saṃgrahaḥ, tattvârtha-saṃmohena *buddhâ*diṣu *mārga*satya-paryavasāneṣv ajñānasya saṃgrahaḥ, abhimāna-saṃmohena paścimasya,[2] artha-saṃmohena punaḥ sarveṣāṃ saṃgraho draṣṭavyaḥ.

[1] *caikānna*° Ms : *caikānta*° YBh [2] *paścimasya* Ms : *paścimasya <saṃgrahaḥ>* / YBh

(YBh 205.17–206.2, Ms 55b7–56a2)

〔漢訳〕

復有五種愚。一義愚、二見愚、三放逸愚、四真實義愚、五増上慢愚。

前十九愚、今五種愚、相攝云何。謂見愚、攝前六及於因所生法無知。放逸愚、攝於業異熟倶無知。真實義愚、攝於佛等乃至道諦無知。増上慢愚、攝最後無知。當知義愚通攝一切。

(T 322c17–22)

〔チベット語訳〕

gźan yaṅ mi śes pa rnam pa lṅa ste / don la rmoṅs pa daṅ / lta ba la rmoṅs pa daṅ / bag med pas rmoṅs pa daṅ / de kho na'i don la rmoṅs pa daṅ / mṅon pa'i ṅa rgyal gyis rmoṅs pa'o //

mi śes pa rnam pa bcu dgu po gaṅ yin pa daṅ / rnam pa lṅa po gaṅ yin pa de la / gaṅ gis gaṅ bsdus par blta bar bya źe na lta ba la rmoṅs pas[1] ni / daṅ po'i drug daṅ / rgyu las byuṅ ba'i chos rnams mi śes pa bsdus par blta[2] bar bya'o // bag med pas rmoṅs pas ni [3] las daṅ rnam par smin pa daṅ [4] de gñi ga mi śes pa bsdus so // de kho na'i don la rmoṅs pas ni [5] saṅs rgyas la sogs pa nas [6] lam gyi bden pa la thug pa rnams mi śes pa bsdus so // mṅon pa'i ṅa rgyal gyis rmoṅs pas ni tha ma bsdus so // don la rmoṅs pas ni thams cad bsdus par blta bar bya'o //

[1] *pas* P : *pa* D [2] *blta* D : *lta* P [3] [4] [5] [6] / add. P

(D 105a7–b2, P 120a6–b1)

〔和訳〕 ―無知蒙昧の同義異語―

“無知、見聞しないこと、ありありと覚知しないこと、暗黒、蒙昧、無知蒙昧という闇”というこれら6つの、**無知蒙昧**の有り様についての同義異語を、7種の蒙昧という主題について順次〔適用して〕見るべきである。ただし、最後の2つの蒙昧という主題を1つの主題と考えて、最後の“無知蒙昧という闇”という同義異語をそ〔の主題〕について〔適用して〕見るべきである。別の観点の理解がある。聴聞より成る〔知〕、思索より成る〔知〕、修習より成る知にとっての相反要素という点で、順次3つの同義異語がある。他ならぬその相反要素であるもの（無知蒙昧 avidyā）が鈍重か中間か鋭利であるから、〔それに順次対応して〕さらに後半の3つの同義異語がある。以上、相反要素の区別という点からと、それ自体の区別という点から、同義異語は6つになる。

〔原文〕

ajñānam adarśanam anabhisamayas tamaḥ saṃmoho 'vidyāndhakāram[1] itîme ṣaḍ **avidyâ**kāraparyāyāḥ[2] saptavidhe saṃmoha-vastuni yathākramamaṃ draṣṭavyāḥ. paścime tu dve saṃmoha-vastuny[3] ekaṃ[4] vastu kr̥tvā[5] paścimo *'vidyāndhakāra*-paryāyas tatra draṣṭavyaḥ. aparaḥ paryāyaḥ. śrutamayyāś cintāmayyā bhāvanāmayyāś ca prajñāyā vipakṣeṇa trayaḥ paryāyā yathākramam.[6] tasyā eva vipakṣa-bhūtāyā mr̥du-madhyâdhimātratvād apare punas trayaḥ paryāyāḥ, iti vipakṣa-prabhedataś ca svabhāva-prabhedataś ca ṣaṭ paryāyā bhavanti.[7]

1) *'vidyāndhakāram* Ms : *'vidyā* YBh 2) *avidyākāraparyāyāḥ* Ms : *avidyāparyāyāḥ* YBh 3) *tu dve sammoha°* Ms : *tattvasammoha°* YBh 4) *ekaṃ* em. : / *evaṃ* YBh Ms 5) *kr̥tvā* Ms : *kr̥tvāpi* YBh 6) *yathākramam* Ms : *yathākramam <yojyante>* / YBh 7) *bhavanti* Ms : om. YBh

（YBh 206.3–9, Ms 56a2–3）

〔漢訳〕

復次、無知、無見、無有現觀、黒闇、愚癡、及無明闇、如是六種**無明**差別、隨前所説七無知事、次第應知。於後二無知事、總合爲一、起此最後無明黒闇。復有差別。謂聞思修所成三慧所治差別、如其次第、説前三種。即此所治、軟中上品差別、説後三種。如是所治差別故、自性差別故、建立六種差別應知。

（T 322c22–29）

〔チベット語訳〕

mi śes pa daṅ / ma mthoṅ ba daṅ / mṅon par ma rtogs pa daṅ / mun pa daṅ / rmoṅs pa daṅ / ma rig pa'i mun[1] pa źes bya ba [2] **ma rig pa**'i rnam pa'i rnam graṅs drug po 'di dag ni rmoṅs pa'i gźi rnam pa bdun po dag daṅ / rim bźin du sbyar bar blta bar bya ste / rmoṅs pa'i gźi tha ma gñis / gźi gcig tu byas pa ni tha ma'i ma rig pa'i mun pa'i rnam graṅs de'i naṅ du bsdu bar blta bar bya'o // rnam graṅs gźan yaṅ thos pa las byuṅ ba daṅ / bsams pa las byuṅ ba daṅ / bsgoms pa las byuṅ ba'i śes rab kyi mi mthun pa'i phyogs kyis / rnam graṅs gsum po daṅ rim bźin du sbyar ro // mi mthun pa'i phyogs su gyur pa de ñid la /[3] chuṅ ṅu daṅ / 'briṅ daṅ chen po yod pas na[4] / rnam graṅs phyi ma gsum du 'gyur te / de ltar na mi mthun pa'i phyogs kyi rab tu dbye ba daṅ / ṅo bo ñid kyi rab tu dbye bas [5] rnam graṅs drug tu 'gyur ro //

[1] *mun* D : *bdun* P　[2) 5)] / add. P　[3] / D : om. P　[4] *pas na* D : *pa nas* P

(D 105b2–6, P 120b2–5)

2 saṃskāra

【訳例】形成力
【漢訳】行（玄奘）
【チベット語訳】'du byed

Pratītyasamutpādādivibhaṅganirdeśasūtra

【サンスクリットで現存する『縁起経』の定義的用例】

〔和訳〕

無知蒙昧を条件とする諸々の**形成力**とは如何なるものか。3〔種〕の諸々の**形成力**であって、〔すなわち〕諸々の身体的**形成力**、諸々の言語的**形成力**、諸々の思考的**形成力**、以上である。

〔原文〕

avidyā-pratyayāḥ **saṃskārāḥ** katame. trayaḥ **saṃskārāḥ**, kāya-**saṃskārāḥ** vāk-**saṃskārāḥ** manaḥ-**saṃskārā** iti.

（PSĀVN 117.20–21; cf. Ch. T 547c4–5, Tib. D 124a4, P 131b4）

Savitarkasavicārādibhūmi

【定義的用例】

〔和訳〕

"諸々の身体的**形成力**"とは如何なるものか。欲〔界〕の範囲にある〔身体的行為〕と色〔界〕の範囲にある身体的行為である。下〔の欲界〕では福あるいは非福〔の行為〕の数の内に入り、一方、上〔の色界〕では不動〔の行為〕の数の内に入る。"諸々の言語的**形成力**"とは如何なるものか。言語的行為である。残り〔の解説〕は先〔の身体的行為〕と同様であると見るべきである。"諸々の思考的**形成力**"とは如何なるものか。思考的行為である。それは、欲界では福と非福〔の行為の数の内に入るの〕であって、不動〔の行為の数の内に入るの〕ではない。上の2つの界では不動〔の行為の数の内に入る〕のみである。

〔原文〕

*kāya-**saṃskārāḥ*** katame. kāya-karma kāmâvacaraṃ rūpâvacaram. puṇyâpuṇya-saṃkhyātaṃ adhas, ūrdhvam punar āniñjya-saṃkhyātam. *vāk-**saṃskārāḥ*** katame.

vāk-karma. śeṣaṃ pūrvavad draṣṭavyam. *manaḥ-**saṃskārāḥ*** katame. manas-karma. tat kāma-dhātau puṇyâpuṇyaṃ nâneñjyam. dvayor uparimayor dhātvor āneñjyam eva.[1)]

[1)] *eva* Ms : *eva ca* YBh

（YBh 206.10–13, Ms 56a4）

〔漢訳〕

身**行**云何。謂身業、若欲界、若色界。在下名福非福。在上名不動。語**行**云何。謂語業、餘如前應知。意**行**云何。謂意業。若在欲界、名福非福。在上二界、唯名不動。

（T 322c29–323a4）

〔チベット語訳〕

lus kyi **'du byed** rnams gaṅ źe na / lus kyi las 'dod pa na spyod pa daṅ / gzugs na spyod pa ste / 'og ma'i bsod nams daṅ / bsod nams ma yin par grags pa daṅ / goṅ ma'i mi g-yo bar grags pa'o // ṅag gi **'du byed** rnams gaṅ źe na / ṅag gi las te / lhag ma ni sṅa ma bźin du blta bar bya'o // yid kyi **'du byed** rnams gaṅ źe na / yid kyi las te / de yaṅ 'dod pa'i khams kyi ni bsod nams daṅ bsod nams ma yin pa ste[1)] / mi g-yo ba ni ma yin no // khams goṅ ma gñis kyi ni mi g-yo ba ñid do //

[1)] *pa ste* D : *te* P

（D 105b6–106a1, P 120b6–8）

3 vijñāna

【訳例】認識
【漢訳】識（玄奘）
【チベット語訳】rnam par śes pa

Pratītyasamutpādādivibhaṅganirdeśasūtra

【サンスクリットで現存する『縁起経』の定義的用例】

〔和訳〕

「形成力を条件とする**認識**」という中で、**認識**とは如何なるものか。6つの**認識**の集まりであって、〔すなわち〕眼に拠る**認識**、耳や鼻や舌や身体や思考に拠る〔それぞれの〕**認識**である。

〔原文〕

saṃskāra-pratyayaṃ **vijñānam** iti **vijñānaṃ** katamat. ṣaḍ **vijñāna**kāyāḥ, cakṣur**vijñānaṃ** śrotra-ghrāṇa-jihvā-kāya-mano**vijñānam**.

（PSĀVN 117.22–23; cf. Ch. T 547c6–8, Tib. D 124a4–5, P 131b4–5）

Savitarkasavicārādibhūmi

【定義的用例】

〔和訳〕

“眼に拠る**認識**”とは如何なるものか。未来において、視覚能力を拠り所とし、いろかたちを認識させることであって、それは、福と非福と不動〔の行為の潜在余力〕が浸潤した種子である〔原因存在としての〕**認識**であり、かつ、その種子が発芽する結果〔としての認識〕である。眼に拠る**認識**のように、“耳や鼻や舌や身体や思考に拠る〔それぞれの〕**認識**”も同様であると見るべきである。ただし、これら〔6つ〕に関する、認識させることの違いは、拠り所と対象領域によって作られると見るべきである。また、それ（認識）は、欲〔界〕の範囲にあるものが6種であり、色〔界〕の範囲にあるものが〔鼻に拠る認識と舌に拠る認識を除く〕4種であり、無色〔界〕の範囲にあるものが1種（意識）のみである。

〔原文〕

*cakṣur**vijñānaṃ*** katamat. āyatyāṃ cakṣurindriyâśrayā yā rūpa-prativijñaptiḥ, yat puṇyâpuṇyâneñjya-paribhāvita-bījabhūtaṃ[1] **vijñānam**, yac ca tad-bīja-samudbhavaṃ phalabhūtam.[2] yathā cakṣur**vijñānam** evam *śrotra-ghrāṇa-jihvā-kāya-mano**vijñānāni*** draṣṭavyāni. āśraya-viṣaya-kṛtaś tv eṣāṃ[3] prativijñapti-viśeṣo draṣṭavyaḥ. tat punaḥ kāmâvacaraṃ ṣaḍvidham, rūpâvacaraṃ caturvidham, ārūpyâvacaram ekavidham eva.

1) *°āneñjyaparibhāvita°* Ms : *°āneñjyaṃ paribhāvita°* YBh 2) *°samudbhavaṃ phalabhūtaṃ* Ms : *°samudbhūtaṃ* YBh 3) *tv eṣāṃ* Ms : *caiṣa* YBh

（YBh 206.14–18, Ms 56a4–5）

〔漢訳〕

眼**識**云何。謂於當來依止眼根、了別色境識。所有福非福不動行所熏發種子**識**、及彼種子所生果**識**。如眼**識**、如是乃至意**識**、應知亦爾。由所依及境界、所起了別差別應知。此於欲界具足六種、色界唯四、無色界唯一。

（T 323a4–9）

〔チベット語訳〕

mig gi **rnam par śes pa** gaṅ źe na / phyi ma la mig gi dbaṅ po la brten ciṅ / gzugs so sor rnam par rig pa gaṅ yin pa ste[1] / bsod nams daṅ / bsod nams ma yin pa daṅ / mi g-yo bas yoṅs su bsgos pa sa bon du gyur pa'i **rnam par śes pa** gaṅ yin pa daṅ / sa bon de las byuṅ ba 'bras bur gyur pa gaṅ yin pa'o // mig gi **rnam par śes pa** ji lta bar / rna ba daṅ / sna daṅ / lce daṅ / lus daṅ / yid kyi **rnam par śes pa** rnams kyaṅ ci rigs par blta bar bya ste / rten daṅ / yul las [2] de dag gi so sor rnam par rig pa'i bye brag blta bar bya'o // de yaṅ 'dod ba na spyod pa ni rnam pa drug go // gzugs na spyod pa ni rnam pa bźi'o // gzugs med pa na spyod pa ni rnam pa gcig bu'o //

1) *ste* P : *de* D 2) / add. P

（D 106a1–3, P 120b8–121a3）

4 nāmarūpa

【訳例】名称と形態，精神的なものと物質的なもの
【漢訳】名色（玄奘）
【チベット語訳】miṅ daṅ gzugs

Pratītyasamutpādādivibhaṅganirdeśasūtra

【サンスクリットで現存する『縁起経』の定義的用例】

〔和訳〕

「認識を条件とする**名称と形態**」という中で、**名称**とは如何なるものか。形態をもたない4つの部類である。如何なるものが〔その〕4つか。感受の部類、表象の部類、形成力の部類、認識の部類である。

形態とは如何なるものか。あらん限りの**形態**であって、すべてそれらは四元素と四元素を原因とするものとである。

以上、こ〔の形態〕と**名称**が、それをひとつにまとめて、**名称と形態**と言われる。

〔原文〕

vijñāna-pratyayaṃ **nāmarūpam** iti **nāma** katamat. catvāra arūpiṇaḥ skandhāḥ. katame catvāraḥ. vedanā-skandhaḥ saṃjñā-skandhaḥ saṃskāra-skandhaḥ vijñāna-skandhaḥ.

rūpaṃ katamat. yat kiṃcid **rūpam**, sarvaṃ tat catvāri mahābhūtāni catvāri ca mahābhūtāny upādāya.

itîdaṃ ca **nāma**, tad aikadhyam abhisaṃkṣipya **nāmarūpam** ity ucyate.

（PSĀVN 117.24–27; cf. Ch. T 547c8–12, Tib. D 124a5–7, P 131b5–7）

Savitarkasavicārādibhūmi

【定義的用例】

〔和訳〕

〔名称として存在して形態をもたない部類の中で〕“感受の部類”とは如何なるものか。直接経験の類すべてである。そして、それは三界に属する範囲にある。“表象の部類”とは如何なるものか。表象することの類すべてである。“形成力の部類”とは如何なるものか。心を造り上げる思考的行為の類すべてである。“認識の部類”とは如何なるものか。認識することの類すべてである。以上、これらの部類もまた、三界に属する範囲にあると見るべきである。

〔形態をとって存在するものの中で〕“四元素”とは如何なるものか。地という要素、水という要素、火という要素、風という要素である。また、それらは〔欲界と色界という〕2つの界にある。“四元素を原因とする”**形態**とは如何なるものか。〔眼といろかたち～身体と触覚対象という〕形態をもつ10の場と、〔思考対象としての〕存在要素の場に含まれる**形態**とである。欲〔界〕の範囲にあるのは、10の〔場〕と、概念設定の範疇に入る〔思考対象としての〕存在要素の場にある**形態**とであり、色〔界〕の範囲にあるのは、〔においと味を除く〕8つの〔場〕と〔思考対象としての〕存在要素の場に含まれる〔形態〕とである。

すべてのそうしたものもまた2種である。認識の〔潜在余力が浸潤した〕種子によって完全に包摂された、種子である〔原因存在としての名称と形態〕と、そ〔の種子〕から発現した結果〔としての名称と形態〕である。

〔原文〕

vedanā-skandhaḥ katamaḥ. anubhavanā-jātiḥ[1] sarvā. sa ca traidhātukâvacaraḥ. *saṃjñā-skandhaḥ* katamaḥ. saṃjānanā-jātiḥ sarvā. *saṃskāra-skandhaḥ* katamaḥ. cittâbhisaṃskāra-manaskarma-jātiḥ sarvā.[2] *vijñāna-skandhaḥ* katamaḥ. vijānanā-jātiḥ sarvā. ity[3] ete 'pi skandhās traidhātukâvacarā draṣṭavyāḥ.

catvāri mahābhūtāni katamāni. pṛthivī-dhātur ab-dhātus tejo-dhātur vāyu-dhātuḥ. te 'pi dhātu-dvaye. *catvāri mahābhūtāny upādāya* [4] **rūpam** katamat. daśa rūpīṇy āyatanāni dharmâyatana-paryāpannaṃ ca **rūpam**. daśa kāmâvacarāṇi, prajñapti-patitaṃ ca dharmâyatana-**rūpam**. aṣṭau rūpâvacarāṇi, dharmâyatana-paryāpannaṃ ca.

sarvam tad api dvi-vidham. vijñāna-bīja-parigṛhīta-bījabhūtaṃ ca tad-abhinirvartita-phalabhūtaṃ[5] ca.

[1] *anubhavanā*° Ms : *anubhava*° YBh [2] *sarvā* Ms : om. YBh [3] *ity* Ms : om. YBh [4] / add. YBh [5] °*abhinirvartita*° em. : °*anirvartita*° YBh Ms

（YBh 207.1–9, Ms 56a5–7）

〔漢訳〕

受蘊云何。謂一切領納種類。想蘊云何。謂一切了像種類。行蘊云何。謂一切心所造作、意業種類。識蘊云何。謂一切了別種類。如是諸蘊、皆通三界。

四大種云何。謂地水火風界。此皆通二界。四大種所造**色**云何。謂十色處、及法處所攝**色**。欲界具十、及法處所攝假**色**。色界有八、及法處所攝**色**。然非一切。

此亦二種。謂識種子所攝受種子**名色**、及於彼所生果**名色**。

（T 323a9–17）

〔チベット語訳〕

tshor ba'i phuṅ po gaṅ źe na / thams cad kyaṅ myoṅ ba'i rnam pa yin te / de yaṅ khams gsum

char na spyod pa yin no // 'du śes kyi phuṅ po gaṅ źe na / thams cad kyaṅ śes pa'i rnam pa yin no // 'du byed kyi phuṅ po gaṅ źe na / thams cad kyaṅ sems mṅon par 'du byed pa yid kyi[1] las kyi rnam pa yin no // rnam par śes pa'i phuṅ po gaṅ źe na / thams cad kyaṅ rnam par rig pa'i rnam pa yin te / phuṅ po 'di dag khams gsum char na spyod pa yin par blta[2] bar bya'o // 'byuṅ ba chen po bźi po dag gaṅ źe na / sa'i khams daṅ / chu'i khams daṅ / me'i khams daṅ / rluṅ gi khams te / de dag ni khams gñis na yod do // 'byuṅ ba chen po bźi po dag rgyur byas pa'i **gzugs** gaṅ źe na / gzugs can gyi skye mched bcu daṅ / chos kyi skye mched du gtogs pa'i **gzugs** te / 'dod pa na spyod pa'i gzugs bcu daṅ / btags pa'i yod pa'i chos kyi skye mched kyi **gzugs** daṅ / gzugs na spyod pa brgyad daṅ / chos kyi skye mched du gtogs pa'o //
de yaṅ rnam pa gñis te / rnam par śes pa'i sa bon gyis yoṅs su zin pa sa bon du gyur pa daṅ / des mṅon par bsgrubs pa 'bras bur gyur pa'o //

[1] *kyi* D : om. P [2] *blta* D : *lta* P

(D 106a3–7, P 121a3–8)

5 ṣaḍāyatana

【訳例】6 つの場
【漢訳】六處（玄奘）
【チベット語訳】skye mched drug

Pratītyasamutpādādivibhaṅganirdeśasūtra

【サンスクリットで現存する『縁起経』の定義的用例】

〔和訳〕

「名称と形態を条件とする**6つの場**」という中で、**6つの場**とは如何なるものか。**6つの**内的な**場**であって、〔すなわち〕眼という内的な場、耳や鼻や舌や身体や思考という内的な〔それぞれの〕場である。

〔原文〕

nāmarūpa-pratyayaṃ **ṣaḍāyatanam** iti **ṣaḍāyatanaṃ** katamat. **ṣaḍ** ādhyātmikāny **āyatanāni**. cakṣur-ādhyātmikam āyatanaṃ śrotra-ghrāṇa-jihvā-kāya-mana-ādhyātmikam āyatanam.

（PSĀVN 117.28–29; cf. Ch. T 547c12–14, Tib. D 124a7, P 131b7–8）

Savitarkasavicārādibhūmi

【定義的用例】

〔和訳〕

“眼という場”とは如何なるものか。眼に拠る認識の拠り所である透明なものであって、それによって諸々のいろかたちを、かつて見た、或いは現に見る、或いはやがて見るのである。眼という場のように、“耳や鼻や舌や身体や思考という〔それぞれの〕場”も、適宜、同様であると見るべきである。なお、すべて〔の場〕に関して、〔過去、現在、未来という〕三時の詳説により、機能が詳しく説かれねばならない。そ〔の場〕もまた2種である。名称と形態の〔潜在余力が浸潤した〕種子によって完全に包摂された、種子である〔原因存在としての場〕と、そ〔の種子〕から発現した結果〔としての場〕である。〔眼～身体という〕5つは、欲〔界〕の範囲と色〔界〕の範囲にあり、第6番目〔の思考〕が、三界に属する範囲にある。

〔原文〕

cakṣurāyatanaṃ katamat. cakṣurvijñāna-saṃniśrayo rūpa-prasādaḥ, yena rūpāṇy apaśyat[1) paśyati drakṣyati vā. yathā cakṣurāyatanam evaṃ *śrotra-ghrāṇa-jihvā-kāya-mana-āyatanāni* yathāyogaṃ draṣṭavyāni. sarveṣāṃ tu[2) kālatraya-nirdeśena karma nirdeṣṭavyam. tad api dvividham. nāmarūpa-bīja[3)-parigr̥hīta-bījabhūtaṃ tad-abhinirvartita-phalabhūtaṃ ca. kāmâvacara-rūpâvacarāṇi[4) pañca, ṣaṣṭhaṃ traidhātukâvacaram.

[1) *apaśyat* Ms : *paśyat* YBh [2) *tu* Ms : *ca* YBh [3) *°bīja°* Ms : om. YBh
[4) *kāmāvacararūpā°* em. : *kāmāvacaraṃ / rūpā°* YBh, *kāmāvacaraṃ rūpā°* Ms

(YBh 207.10–15, Ms 56b1–2)

〔漢訳〕

眼處云何。謂眼識所依淨色、由此於色、已見現見當見。如眼處、如是乃至意處、隨其所應、盡當知。於一切處、應説三時業用差別。此亦二種。謂名色種子所攝受、種子**六處**、及彼所生果**六處**。五在欲色界、第六通三界。

(T 323a18–22)

〔チベット語訳〕

mig gi skye mched gaṅ źe na / mig gi rnam par śes pa'i rten po gzugs daṅ pa ste / gaṅ gis[1) gzugs rnams mthoṅ ba daṅ / lta ba daṅ [2) lta bar 'gyur ba'o // mig gi skye mched ji lta bar[3) rna ba daṅ / sna daṅ / lce daṅ / lus daṅ / yid kyi skye mched rnams kyaṅ de bźin du ci rigs par blta bar bya ste / thams cad kyaṅ dus gsum du bstan pas / las bstan par bya'o // de yaṅ rnam pa gñis te miṅ daṅ gzugs kyi sa bon gyis yoṅs su zin pa sa bon du gyur pa daṅ / des mṅon par bsgrubs pa[4) 'bras bur gyur pa ste / 'dod pa na spyod pa daṅ / gzugs na spyod pa ni lṅa'o // drug pa ni khams gsum char na spyod pa'o //

[1) *gis* D : *gi* P [2) / add. P [3) *bar* D : *ba* P [4) *pa* P : *pas* D

(D 106a7–b3, P 121a8–b3)

6 sparśa

【訳例】接触
【漢訳】觸（玄奘）
【チベット語訳】reg pa

Pratītyasamutpādādivibhaṅganirdeśasūtra

【サンスクリットで現存する『縁起経』の定義的用例】

〔和訳〕

「6つの場を条件とする**接触**」という中で、**接触**とは如何なるものか。6つの**接触**の集まりであって、〔すなわち〕眼の接触、耳や鼻や舌や身体や思考の〔それぞれの〕接触である。

〔原文〕

ṣaḍāyatana-pratyayaḥ **sparśa** iti **sparśaḥ** katamaḥ. ṣaṭ **sparśa**kāyāḥ, cakṣuḥ-saṃsparśaḥ śrotra-ghrāṇa-jihvā-kāya-manaḥ-saṃsparśaḥ.

（PSĀVN 117.30–31; cf. Ch. T 547c14–17, Tib. D 124a7–b1, P 131b8–132a1）

Savitarkasavicārādibhūmi

【定義的用例】

〔和訳〕

“眼の接触”とは如何なるものか。〔眼、いろかたち、眼に拠る認識という〕三者の和合から生じる、対象のもつ浄らかさなどを目的対象として把捉することである。同様にして、残りの〔耳や鼻や舌や身体や思考の各〕**接触**に関して、対象ごとに定義の詳説が理解されねばならない。また、それらは2種である。6つの場の〔潜在余力が浸潤した〕種子によって完全に包摂された、種子である〔原因存在としての接触〕と、そ〔れらの種子〕から発現した結果〔としての接触〕である。欲〔界〕の範囲にあるものは〔6つ〕すべてであり、色〔界〕の範囲にあるものは〔鼻や舌の接触を除く〕4つであり、無色〔界〕の範囲にあるものは〔思考の接触〕1つである。

〔原文〕

cakṣuḥsaṃsparśaḥ katamaḥ. trikasamavāyajā viṣaya-śubhâdy-arthata udgrahaṇātā. evam avaśiṣṭānāṃ **sparśānāṃ**[1)] prativiṣayaṃ[2)] lakṣaṇa-nirdeśo 'vagantavyaḥ. te punar dvividhāḥ.

ṣaḍāyatana-bīja-parigr̥hīta-bījabhūtāś ca tad-abhinirvartita-phalabhūtāś ca. kāmâvacarāḥ sarve, rūpâvacarāś catvāraḥ, ārūpyâvacara ekaḥ.

1) *°śubhādyarthata udgrahaṇatā. evam avaśiṣṭānāṃ sparśānāṃ* em. : *°śubhaṃ* YBh, *°śubhādyarthataḥ / udgrahaṇātā evam avaśiṣṭānāṃ sparśānā* Ms 2) *°viṣayaṃ* Ms : *°viṣaya* YBh

（YBh 207.16–19, Ms 56b2）

〔漢訳〕

眼觸云何。謂三和所生、能取境界、淨妙等義。如是餘**觸**、各隨別境、說相應知。此復二種。謂六處種子所攝受種子**觸**、及彼所生果**觸**。欲界具六、色界四、無色界一。

（T 323a23–26）

〔チベット語訳〕

mig gi 'dus te reg pa gaṅ źe na / gsum 'dus pa las skyes pa / yul sdug pa la sogs pa'i don 'dzin pa ste / de bźin du **reg pa** lhag ma rnams kyaṅ so so'i yul gyi mtshan ñid bstan pa las khoṅ du chud par bya'o // de dag kyaṅ rnam pa gñis te / skye mched drug gi sa bon gyis yoṅs su zin pa sa bon du gyur pa daṅ / des mṅon par bsgrubs pa 'bras bur gyur pa ste / 'dod pa na spyod pa ni thams cad do // gzugs na spyod pa ni bźi'o // gzugs med pa na spyod pa ni gcig go //

（D 106b3–4, P 121b3–6）

7 vedanā

【訳例】感受
【漢訳】受（玄奘）
【チベット語訳】tshor ba

Pratītyasamutpādādivibhaṅganirdeśasūtra

【サンスクリットで現存する『縁起経』の定義的用例】

〔和訳〕

「接触を条件とする**感受**」という中で、**感受**とは如何なるものか。3 つの**感受**であって、〔すなわち〕楽〔という感受〕と、苦〔という感受〕と、苦でなく楽でもない〔感受〕とである。

〔原文〕

sparśa-pratyayā **vedanêti** **vedanā** katamā. tisro **vedanāḥ**, sukhā duḥkhā aduḥkhâsukhā ca.
（PSĀVN 118.1; cf. Ch. T 547c17–18, Tib. D 124b1–2, P 132a1–2）

Savitarkasavicārādibhūmi

【定義的用例】

〔和訳〕

“楽”という**感受**とは如何なるものか。楽をもたらす感官と対象領域とを条件として生じるものであり、快適なものとして感じ取られた、**感受**に属するものである。“苦”という**感受**とは如何なるものか。苦をもたらす〔感官と対象領域との〕2 つを条件として生じるものであり、不快なものとして感じ取られた、**感受**に属するものである。“苦でもなく楽でもない”**感受**とは如何なるものか。苦でもなく楽でもない〔感受〕をもたらす〔感官と対象領域との〕2 つを条件として生じるものであり、快適でもなく不快でもないものとして感じ取られた、**感受**に属するものである。欲〔界〕の範囲にある〔感受〕は 3 つである。色〔界〕の範囲にある〔感受〕は、第三禅までは〔楽と不苦不楽の〕2 つである。〔色界の〕第四禅以上、〔無色界の〕非想非非想処までは、〔感受は〕苦でもなく楽でもない。それらの**感受**もまた 2 種である。接触の〔潜在余力が浸潤した〕種子によって完全に包摂された、種子である〔原因存在としての感受〕と、そ〔れらの種子〕から発現した結果〔としての感受〕である。

〔原文〕

sukhā ***vedanā*** katamā. yat sukha-sthānīyam indriya-viṣayam pratītyôtpadyate, sātaṃ vedayitaṃ **vedanā**gatam. *duḥkhā* ***vedanā*** katamā. yad duḥkha-sthānīyaṃ dvayaṃ pratītyôtpadyate, asātaṃ vedayitaṃ **vedanā**gatam.[1] *aduḥkhâsukhā* ***vedanā*** katamā. yad aduḥkhâsukha-sthānīyaṃ dvayaṃ pratītyôtpadyate, nâiva sātaṃ nâsātaṃ vedayitaṃ **vedanā**gatam. tisraḥ kāmâvacaryāḥ.[2] dve rūpâvacarye tṛtīyād yāvad dhyānāt. aduḥkhâsukhā caturthād dhyānād ūrdhvaṃ yāvan nâivasaṃjñā-nâsaṃjñâyatanāt. tā api **vedanā** dvividhāḥ. sparśa-bīja-parigṛhīta-bījabhūtās tad-abhinirvartita-phalabhūtāś ca.

[1] *vedanāgatam* em. : om. YBh Ms [2] *kāmâvacaryāḥ* em. : *kāmacaryāḥ* YBh, *kāmāvacaryaḥ* Ms

（YBh 208.1–7, Ms 56b2–4）

〔漢訳〕

樂**受**云何。謂順樂諸根境界爲縁所生適悦受、**受**所攝。苦**受**云何。謂順苦二爲縁所生非適悦受、**受**所攝。不苦不樂**受**云何。謂順不苦不樂二爲縁所生非適悦非不適悦受、**受**所攝。欲界三。色界二。第四靜慮以上乃至非想非非想處、唯有第三不苦不樂。此亦二種。謂觸種子所攝受種子**受**、及彼所生果**受**。

（T 323a27–b6）

〔チベット語訳〕

bde ba'i **tshor ba** gaṅ źe na / bde ba'i gnas lta bu'i dbaṅ po daṅ / yul la[1] brten nas sim par tshor ba'i **tshor ba**'i rnam pa[2] skye ba gaṅ yin pa'o // sdug bsṅal gyi **tshor ba** gaṅ źe na / sdug bsṅal gyi gnas lta bu'i gñis po la brten nas / sim pa ma yin par tshor ba'i **tshor ba**'i rnam pa skye ba gaṅ yin pa'o //sdug bsṅal yaṅ ma yin bde ba yaṅ ma yin pa'i **tshor ba** gaṅ źe na / sdug bsṅal yaṅ ma yin / bde ba yaṅ ma yin pa'i gnas lta bu'i gñis po la brten nas sim pa yaṅ ma yin / sim pa ma yin pa yaṅ ma yin par tshor ba'i **tshor ba**'i rnam pa[3] skye ba gaṅ yin pa ste / 'dod pa na spyod pa ni gsum char ro // gzugs na spyod pa'i bsam gtan gsum pa man chad na ni gñis so // bsam gtan bźi pa yan chad / 'du śes med 'du śes med min skye mched la thug pa man chad na[4] ni / sdug bsṅal yaṅ ma yin bde ba yaṅ ma yin pa'o // **tshor ba** de dag kyaṅ rnam pa gñis te /[5] reg pa'i sa bon gyis yoṅs su zin pa sa bon du gyur pa daṅ / des mṅon par bsgrubs pa 'bras bur gyur pa'o //

[1] *la* D : *las* P [2] *tshor ba'i rnam pa* D : *rnam par* P [3] *pa* D : *par* P [4] *na* D : om. P [5] / P : om. D

（D 106b4–107a1, P 121b6–122a3）

8 tr̥ṣṇā

【訳例】愛着，渇愛
【漢訳】愛（玄奘）
【チベット語訳】sred pa

Pratītyasamutpādādivibhaṅganirdeśasūtra

【サンスクリットで現存する『縁起経』の定義的用例】

〔和訳〕

「感受を条件とする**愛着**」という中で、**愛着**とは如何なるものか。3 つの**愛着**であって、欲〔界〕への**愛着**と、色〔界〕への**愛着**と、無色〔界〕への**愛着**とである。

〔原文〕

vedanā-pratyayā **tr̥ṣṇêti** **tr̥ṣṇā** katamā. tisras **tr̥ṣṇāḥ**, kāma-**tr̥ṣṇā** rūpa-**tr̥ṣṇâ**rūpya-**tr̥ṣṇā** ca.

（PSĀVN 118.2–3; cf. Ch. T 547c19–20, Tib. D 124b2, P 132a2–3）

Savitarkasavicārādibhūmi

【定義的用例】

〔和訳〕

“欲〔界〕への**愛着**”とは如何なるものか。欲〔界〕の範囲にある諸々の形成力を条件とする、欲〔界〕の範囲にある諸々の形成力への汚れた希求であって、それによって欲界における苦しみを発現させるのである。“色〔界〕への**愛着**”とは如何なるものか。色〔界〕の範囲にある諸々の形成力を条件とする、色〔界〕の範囲にある諸々の形成力への汚れた希求であって、それによって色界における苦しみを発現させるのである。“無色〔界〕の範囲にある**愛着**”とは如何なるものか。無色〔界〕の範囲にある諸々の形成力を条件とする、無色〔界〕の範囲にある諸々の形成力への汚れた希求であって、それによって無色界における苦しみを発現させるのである。

〔原文〕

*kāma-**tr̥ṣṇā*** katamā. yā[1)] kāmâvacarān saṃskārān pratītya kāmâvacareṣu saṃskāreṣu[2)] kliṣṭā prārthanā, yayā kāma-dhātau duḥkham abhinirvartayati. *rūpa-**tr̥ṣṇā*** katamā yā rūpâvacarān saṃskārān pratītya rūpâvacareṣu saṃskāreṣu kliṣṭā prārthanā, yayā rūpa-dhātau duḥkham abhinirvartayati. *ārūpyâvacarā* ***tṛṣṇā*** katamā. yârūpyâvacarān saṃskārān pratītyârūpyâvacareṣu saṃskāreṣu kliṣṭā prārthanā, yayârūpya-dhātau[3] duḥkham abhinirvartayati.

[1] *yā* Ms : om. YBh [2] *saṃskāreṣu* Ms : om. YBh [3] *yayārūpya°* Ms : *yayā rūpa°* YBh

（YBh 208.8–13, Ms 56b4–5）

〔漢訳〕

欲**愛**云何。謂欲界諸行爲縁所生、於欲界行染污希求、由此能生欲界苦果。色**愛**云何。謂色界諸行爲縁所生、於色界行染污希求、由此能生色界苦果。無色**愛**云何。謂無色界諸行爲縁所生、於無色界行染污希求、由此能生無色界苦果。

（T 323b12–17）

〔チベット語訳〕

'dod pa'i **sred pa** gaṅ źe na / 'dod pa na spyod pa'i 'du byed rnams la brten nas 'dod pa na spyod pa'i 'du byed rnams la don du gñer ba ñon moṅs pa can gaṅ yin pa ste / gaṅ gis 'dod pa'i khams su sdug bsṅal mṅon par 'grub par byed pa'o // gzugs kyi **sred pa** gaṅ źe na / gzugs na spyod pa'i 'du byed rnams la brten nas / gzugs na spyod pa'i 'du byed rnams la [1] don du gñer ba ñon moṅs pa can gaṅ yin pa ste / gaṅ gis gzugs kyi khams su sdug bsṅal mṅon par 'grub par byed pa'o // gzugs med pa na spyod pa'i **sred pa** gaṅ źe na / gzugs med pa na spyod pa'i 'du byed rnams la brten nas / gzugs med pa na spyod pa'i 'du byed rnams la don du gñer ba ñon moṅs pa can gaṅ yin pa ste / gzugs med pa'i khams su sdug bsṅal mṅon par 'grub par byed pa'o //

[1] / add. P

（D 107a1–4, P 122a3–6）

9 upādāna

【訳例】取り込み
【漢訳】取（玄奘）
【チベット語訳】len pa

Pratītyasamutpādādivibhaṅganirdeśasūtra

【サンスクリットで現存する『縁起経』の定義的用例】

〔和訳〕

「愛着を条件とする**取り込み**」という中で、**取り込み**とは如何なるものか。4つの**取り込み**であって、〔すなわち〕欲望対象の**取り込み**、〔悪しき〕見解の**取り込み**、〔悪しき〕習慣や誓約の**取り込み**、アートマンが存在するという主張の**取り込み**である。

〔原文〕

tr̥ṣṇā-pratyayam **upādānam** iti **upādānaṃ** katamat. catvāry **upādānāni**, kām**ôpādānaṃ** dr̥ṣṭy-**upādānaṃ** śīla-vrat**ôpādānam** ātmavād**ôpādānam**.

（PSĀVN 118.4–5; cf. Ch. T 547c20–22, Tib. D 124b2–3, P 132a3）

Savitarkasavicārādibhūmi

【定義的用例】

〔和訳〕

“欲望対象の**取り込み**”とは如何なるものか。諸々の欲望対象に対する欲求と貪りである。“〔悪しき〕見解の**取り込み**”とは如何なるものか。身体が存在するという〔悪しき〕見解を除き、それ以外の諸々の〔悪しき〕見解に対する欲求と貪りである。“〔悪しき〕習慣や誓約の**取り込み**”とは如何なるものか。〔悪しき〕習慣や誓約として誤って立てた決意に対する欲求と貪りのことである。“アートマンが存在するという主張の**取り込み**”とは如何なるものか。身体が存在するという〔悪しき〕見解に対する欲求と貪りである。第1〔の取り込み〕によって、欲界における苦しみのみを発現させ、一方、残り〔の3つの取り込み〕によって三界における〔苦しみを発現させる〕。

〔原文〕

*kām**ôpādānaṃ*** katamat. yaḥ kāmeṣu cchanda-rāgaḥ. *dr̥ṣṭy-**upādānaṃ*** katamat. satkāya-dr̥ṣṭiṃ sthāpayitvā tad-anyāsu dr̥ṣṭiṣu yaś[1] chanda-rāgaḥ. *śīla-vrat**ôpādānaṃ*** katamat. śīla-vrata-mithyā-praṇihite yaś chanda-rāgaḥ. *ātmavādô**pādānaṃ***[2] katamat. satkāya-dṛṣṭau yaś chanda-rāgaḥ. prathamena kāma-dhātāv eva duḥkham abhinirvartayati, avaśiṣṭaiḥ punas traidhātuke.

[1] *yaś* Ms : om. YBh [2] *ātmavādopādānaṃ* Ms : *ātmopādānaṃ* YBh

（YBh 208.14–18, Ms 56b5–6）

〔漢訳〕

欲**取**云何。謂於諸欲、所有欲貪。見**取**云何。謂除薩迦耶見、於所餘見、所有欲貪。戒禁**取**云何。謂於邪願、所起戒禁、所有欲貪。我語**取**云何。謂於薩迦耶見、所有欲貪。初唯能生欲界苦果。餘三通生三界苦果。

（T 323b17–22）

〔チベット語訳〕

'dod pa'i **len pa** gaṅ źe na / 'dod pa rnams la 'dun pa daṅ / 'dod chags gaṅ yin pa'o // lta ba'i **len pa** gaṅ źe na / 'jig tshogs la lta ba ma gtogs pa de las gźan pa'i lta ba rnams la 'dun pa daṅ / 'dod chags gaṅ yin pa'o // tshul khrims daṅ brtul źugs kyi **len pa** gaṅ źe na / tshul khrims daṅ brtul źugs log par źugs pa la [1] 'dun pa daṅ / 'dod chags [2] gaṅ yin pa'o // bdag tu smra ba'i **len pa** gaṅ źe na / 'jig tshogs la lta ba la 'dun pa daṅ / 'dod chags gaṅ yin pa ste / daṅ pos ni 'dod pa'i khams ñid kho nar sdug bsṅal mṅon par 'grub par byed do // lhag ma rnams kyis ni khams gsum char du'o //

[1] / add. P [2] *pa* add. D

（D 107a4–6, P 122a6–b1）

10 bhava

【訳例】生成，生存
【漢訳】有（玄奘）
【チベット語訳】srid pa

Pratītyasamutpādādivibhaṅganirdeśasūtra

【サンスクリットで現存する『縁起経』の定義的用例】

〔和訳〕

「取り込みを条件とする**生成**」という中で、**生成**とは如何なるものか。3つの**生成**であって、欲〔界〕における**生成**、色〔界〕における**生成**、無色〔界〕における**生成**である。

〔原文〕

upādāna-pratyayo **bhava** iti **bhavaḥ** katamaḥ. trayo **bhavāḥ**, kāma-**bhavo** rūpa-**bhavo** 'rūpya-**bhavaḥ**. （PSĀVN 118.6–7; cf. Ch. T 547c22–23, Tib. D 124b3–4, P 132a4）

Savitarkasavicārādibhūmi

【定義的用例】

〔和訳〕

“欲〔界〕における**生成**”とは如何なるものか。欲〔界〕の範囲にある、前世という点からの**生成**、行為という点からの**生成**、死という点からの**生成**、〔死と生まれかわることの〕中間という点からの**生成**、生まれかわることという点からの**生成**、地獄や畜生や餓鬼や天や人という点からの**生成**が欲〔界〕における**生成**と言われる。また、それは、かつて為した形成力や煩悩によって完全に包摂されて発生させられたものである。“色〔界〕における**生成**”とは如何なるものか。〔上述の中で〕地獄や畜生や餓鬼や人という点からの**生成**を除き、それ以外が色〔界〕における**生成**でもあると見るべきである。“無色〔界〕における**生成**”とは如何なるものか。〔死と生まれかわることの〕中間という点からの**生成**をさらに除き、それ以外の**生成**によって包摂されるものが無色〔界〕における**生成**であると見るべきである。何を主題として、地獄と畜生と餓鬼と天と人と行為と中間という点からの**生成**という7つの**生成**が設定されたのか。3つのはたらき方を主題としており、1つは投げ込むものとしての**生成**（行為という点からの生成）、1つは**生成**へと完全に到達するものとしての**生成**（中間という点からの生成）、〔残りの〕5つは結果を享受するものとしての**生成**である。

〔原文〕

*kāma-**bhavaḥ*** katamaḥ. kāmâvacaraḥ pūrvakāla-**bhavaḥ**[1] karma-**bhavo** maraṇa-**bhavo** 'ntarā-**bhava** upapatti-**bhavo**[2] naraka-tiryak-preta-deva-manuṣya-**bhavāś** ca kāma-**bhava**[3] ity ucyate. sa punaḥ pūrvakṛta-saṃskāra-kleśa-parigraha-prabhāvitaḥ. *rūpa-**bhavaḥ*** katamaḥ. naraka-tiryak-preta-manuṣya-**bhavān** sthāpayitvā tadanyo rūpa-**bhavo** draṣṭavyaḥ. *ārūpya-**bhavaḥ*** katamaḥ. antarā-**bhavaṃ** bhūyaḥ[4] sthāpayitvā tadanya-**bhava**-saṃgṛhīta ārūpya-**bhavo** draṣṭavyaḥ. kim adhikṛtya sapta **bhavā** vyavasthāpitā naraka-tiryak-preta-deva-manuṣya-karmântarā-**bhavāḥ**. trīṇi kṛtyāny adhikṛtya, ākṣepako **bhava** ekaḥ, **bhava**-saṃprāpako **bhava** ekaḥ, phalôpabhojakā **bhavāḥ** pañca.

1) *kāmāvacaraḥ pūrva*° Ms : *kāmāvacarapūrva*° YBh 2) *upapatti*° Ms : *upādhi*° YBh
3) °*bhava* Ms : °*mava* YBh 4) *bhūyaḥ* Ms : om. YBh

(YBh 208.19–209.5, Ms 56b6–57a1)

〔漢訳〕

欲**有**云何。謂欲界、前時**有**、業**有**、死**有**、中**有**、生**有**、及那落迦傍生餓鬼人天**有**、總説名欲**有**。此復由先所作諸行煩惱攝受之所熏發。色**有**云何。謂除那落迦傍生餓鬼人**有**所餘、是色**有**應知。無色**有**云何。謂復除中**有**所餘、是無色**有**應知。問依何義故、建立七**有**、所謂那落迦傍生餓鬼人天**有**、業**有**、中**有**。答依三種所作故。一能引**有**、謂一。二趣**有有**、謂一。三受用果**有**、謂五。

(T 323b22–c5)

〔チベット語訳〕

'dod pa'i **srid pa** gaṅ źe na / 'dod pa na spyod pa'i sṅon gyi dus kyi **srid pa** daṅ / las kyi **srid pa** daṅ / 'chi ba'i **srid pa** daṅ / bar ma do'i **srid pa** daṅ / skye ba'i **srid pa** daṅ / sems can dmyal ba daṅ /[1] dud 'gro daṅ / yi dags daṅ / lha daṅ / mi'i **srid pa** la 'dod pa'i **srid pa** źes bya ste / de yaṅ sṅon byas pa'i 'du byed daṅ / ñon moṅs pas[2] yoṅs su zin ciṅ bskyed pa yin no // gzugs kyi **srid pa** gaṅ źe na / sems can dmyal ba daṅ / dud 'gro daṅ / yi dags daṅ / mi'i **srid pa** ma gtogs pa de las gźan pa ni gzugs kyi **srid pa** yin par blta bar bya'o // gzugs med pa'i **srid pa** gaṅ źe na / bar ma do'i **srid pa** yaṅ ma gtogs pa de las gźan pa'i **srid pas** bsdus pa ni gzugs med pa'i **srid pa** yin par blta bar bya'o // **srid pa** bdun po sems can dmyal ba daṅ / dud 'gro daṅ / yi dags daṅ / lha daṅ / mi daṅ / las daṅ / bar ma do'i **srid pa** rnams [3] gaṅ gi dbaṅ du byas te rnam par gźag ce na / dgos[4] pa gsum gyi dbaṅ du byas pa yin te / gcig ni 'phen pa'i **srid pa**'o // gcig ni **srid pa** thob par byed pa'i **srid pa**'o // lṅa ni 'bras bu ñe bar spyod pa'i **srid pa**'o //

1) / D : om. P 2) *pas* D : *pa* P 3) / add. P 4) *dgos* D : *dgoṅs* P

(D 107a7–b3, P 122b1–6)

11 jāti

【訳例】誕生
【漢訳】生（玄奘）
【チベット語訳】skye ba

Pratītyasamutpādādivibhaṅganirdeśasūtra

【サンスクリットで現存する『縁起経』の定義的用例】

〔和訳〕

「生成を条件とする**誕生**」という中で、**誕生**とは如何なるものか。それぞれの生き物存在の集団における、それぞれの生き物存在の（1）誕生、（2）形成、（3）降下、（4）発現、（5）出現、（6）〔5つの〕部類の取得、（7）〔18の〕要素の取得、（8）〔12の〕場の取得、（9）諸々の部類の発現、（10）生命力の出現である。

〔原文〕

bhava-pratyayā **jātir** iti **jātiḥ** katamā. yā teṣāṃ teṣāṃ sattvānāṃ tasmiṃ tasmin sattva-nikāye jātiḥ saṃjātir avakrāntir abhinirvr̥ttiḥ prādurbhāvaḥ skandha-pratilambho dhātu-pratilambha āyatana-pratilambhaḥ skandhānām abhinirvr̥ttir jīvitêndriyasya prādurbhāvaḥ.

（PSĀVN 118.8–10; cf. Ch. T 547c23–26, Tib. D 124b4–5, P 132a4–6）

Savitarkasavicārādibhūmi

【定義的用例】

〔和訳〕

（1）“誕生”とは如何なるものか。〔4 種の生まれの出処の中で〕母胎から生まれる、並びに、卵から生まれるという、生まれの出処において、まず最初に発現することである。

（2）“形成”とは如何なるものか。まさにそ〔の 2 種の生まれの出処〕において、未だ産まれ出ていない者が自己存在を円満することである。（3）“降下”とは如何なるものか。そ〔の形成〕の後、〔生まれの出処から〕産まれ出ることである。（4）“発現”とは如何なるものか。産まれ出た者が成育することである。（5）“出現”とは如何なるものか。〔4 種の生まれの出処の中で〕湿気から生まれる、並びに、忽然と生まれるという、生まれの出処において、ただ一瞬の内に生じてくることである。

（6）“〔5 つの〕部類の取得”とは如何なるものか。まさにこれら〔4 種〕の生まれの出処と段階において、取り込む5つの部類が展開することである。(7)“〔18の〕要素の取得”とは如何なるものか。まさにそれら〔5つ〕の部類が、原因という条件（因縁）によって完全に包摂された状態である。(8)“〔12の〕場の取得”とは如何なるものか。まさにそれら〔5つ〕の部類が、それ（因縁）以外の〔所縁縁、等無間縁、増上縁という〕条件によって完全に包摂された状態である。

(9)“〔5つの〕部類の発現”とは如何なるものか。まさにそれら〔5つ〕の部類を、毎日、摂取によって養い、積み重ねることである。(10)“生命力の出現”とは如何なるものか。まさにそれら〔5つ〕の部類にとっての、寿命の残りの勢力に基づく段階である。

また、以上の**誕生**に関する要約的な意味とは如何なるものか。(1, 5) 誕生それ自体と、(2–4) 生まれる状況と、(6) 生まれるもの（5つの部類）と、(7, 8)〔それを〕完全に包摂する原因という条件と、〔5つの部類を〕保持する、(9) 扶助や摂取物や (10) 生まれつきそなわるものと、以上、これが要約的な意味である。

〔原文〕

jātiḥ katamā. yā jarāyujāyām aṇḍajāyāṃ ca yonau tat-prathamâbhinirvr̥ttiḥ. *saṃjātiḥ* katamā. yā tatrâivâtmabhāva-paripūrir aniḥsr̥tasya. *avakrāntiḥ*[1] katamā. yā tasmān niḥsr̥tiḥ. *abhinirvr̥ttiḥ*[2] katamā. yā niḥsr̥tasya vr̥ddhiḥ. *prādurbhāvaḥ* katamaḥ. yaḥ[3] saṃsvedajâupapādukāyāṃ yonau[4] sakr̥d eva saṃbhavaḥ.

skandha-pratilābhaḥ katamaḥ. yâsv[5] eva yoniṣv avasthāsu ca pañcānām upādāna-skandhānāṃ pravr̥ttiḥ.[6] *dhātu-pratilābhaḥ*[7] katamaḥ. yā teṣām eva skandhānāṃ hetupratyaya-parigr̥hītatā. *āyatana-pratilambhaḥ* katamaḥ. yā teṣām eva skandhānāṃ tadanya-pratyaya-parigr̥hītatā.

skandhâbhinirvr̥ttiḥ katamā. yā teṣām eva skandhānām āhārakr̥tā puṣṭir upacayaḥ pratidinam. *jīvitêndriya-prādurbhāvaḥ*[8] katamaḥ. yat teṣām eva skandhānām āyuḥ-śeṣa-vaśād avasthānam.

asyāḥ punar **jāteḥ** samāsârthaḥ katamaḥ. yaś ca jāteḥ svabhāvaḥ, yatra ca jāyate, yaś ca jāyate,[9] yaiś ca hetupratyayaiḥ parigr̥hītaḥ, yena côpastambhenâhr̥tena sahajena ca dhr̥yata ity ayaṃ samāsârthaḥ.

[1] *avakrāntiḥ* Ms : *bhavakrāntiḥ* YBh [2] *abhinirvr̥ttiḥ* Ms : *abhiniḥsr̥tiḥ* YBh [3] *yaḥ* Ms : om. YBh [4] *yonau* Ms : *yaunau* YBh [5] *yāsv* Ms : *ya āsv* YBh [6] *pravr̥ttiḥ* Ms : *<sambhavaḥ>* YBh [7] °*pratilābhaḥ* Ms : °*pratilambhaḥ* YBh [8] *pratidinam. jīvite*° em. : / *pratidinajīvite*° YBh, / *pratidinaṃ jīvite*° Ms [9] *yaś ca jāyate* Ms : om. YBh

（YBh 209.6–19, Ms 57a1–4）

〔漢訳〕

生云何。謂於胎卵二生、初託生時。等生云何。謂即於彼、身分圓滿、仍未出時。趣云何。謂從彼出。起云何。謂出已増長。出現云何。謂於濕化二生、身分頓起。

蘊得云何。謂即於彼諸生位中、五取蘊轉。界得云何。謂即彼諸蘊、因縁所攝性。處得云何。謂即彼諸蘊、餘縁所攝性。

諸蘊生起云何。謂即彼諸蘊、日日飲食之所資長。命根出現云何。謂即彼諸蘊、餘壽力故、得相續住。

此**生**支略義者、謂若生自性、若生處位、若所生、若因縁所攝、若任持所引、若倶生依持、是名略義。

（T 323c5–15）

〔チベット語訳〕

skye ba gaṅ źe na / mṅal nas skye ba daṅ / sgo ṅa las skye ba'i skye gnas su thog mar mṅon par 'grub pa gaṅ yin pa'o // kun tu[1] skye ba gaṅ źe na / de ñid kyi naṅ du lus yoṅs su rdzogs la phyir ma byuṅ ba gaṅ yin pa'o // phyir 'byuṅ ba gaṅ źe na / de nas byuṅ ba gaṅ yin pa'o // mṅon par 'grub pa gaṅ źe na / byuṅ nas skye ba gaṅ yin pa'o // 'byuṅ ba gaṅ źe na / drod gśer las skye ba daṅ / rdzus te skye ba'i skye[2] gnas su cig car 'byuṅ ba gaṅ yin pa'o //

phuṅ po 'thob pa gaṅ źe na / skye gnas 'di dag ñid daṅ / gnas skabs rnams su ñe bar len pa'i phuṅ po lṅa po dag 'byuṅ ba gaṅ yin pa'o // khams 'thob[3] pa gaṅ źe na / phuṅ po de dag ñid rgyu'i rkyen gyis yoṅs su zin pa gaṅ yin pa'o // skye mched 'thob pa gaṅ źe na / phuṅ po de dag ñid de las gźan pa'i rkyen gyis yoṅs su zin pa gaṅ yin pa'o //

phuṅ po mṅon par 'grub pa gaṅ źe na / phuṅ po de dag ñid ñin gcig bźin du kha zas kyis brtas śiṅ[4] rgyas par byed pa gaṅ yin pa'o // srog gi dbaṅ po 'byuṅ ba gaṅ źe na / phuṅ po de dag ñid kyi tshe'i lhag ma'i dbaṅ gis gnas skabs gaṅ yin pa'o //

skye ba de'i don mdor bsdu ba gaṅ źe na / skye ba'i ṅo bo ñid gaṅ yin pa daṅ / gaṅ du skye ba daṅ / gaṅ skye ba daṅ / rgyu daṅ rkyen gaṅ dag gis yoṅs su zin pa daṅ / ñe bar rton pas bsgrubs pa daṅ / lhan cig skyes pa gaṅ gis 'tsho ba ste / de ltar na 'di ni don mdor bsdus pa yin no //

1) *tu* D : om. P 2) *skye* D : om. P 3) *'thob* D : *thob* P 4) *kyis brtas śiṅ* D : *kyi rtas źiṅ* P

（D 107b3–108a1, P 122b7–123a5）

12 jarāmaraṇa

【訳例】老いと死
【漢訳】老死（玄奘）
【チベット語訳】rga ba daṅ 'chi ba

Pratītyasamutpādādivibhaṅganirdeśasūtra

【サンスクリットで現存する『縁起経』の定義的用例】

〔和訳〕

「誕生を条件とする**老いと死**」という中で、**老い**とは如何なるものか。(1) 脱毛、(2) 白髪交じりになること、(3) 皺がよること、(4) 老衰したこと、(5) 曲がっていること、(7) 曲がった梁のように湾曲していること、(6) 体に黒いしみが重なること、(8) 身体がぜぇぜぇと息を吐くこと、(9) 前方に身体が曲がること、(10) 杖に支えられていること、(11) 遅鈍なこと、(12) 朦朧なこと、(13) 減退すること、(14) すっかり減退すること、(15) 諸々の〔感覚〕能力がすっかり成熟すること、(16) すっかり損壊すること、(17) 諸々の形成力が老い朽ちること、(18) 老いさらばえること、以上が**老い**と言われる。

死とは如何なるものか。それぞれの生き物存在の集団からの、それぞれの生き物存在の (1) 死没、(2) 死滅、(3) 分離、(4) 消失、(5) 寿命がなくなること、(6) 温もりがなくなること、(7) 生命力が停止すること、(8)〔5 つの〕部類を投げ捨てること、(9) 死、(10) 死期 (/ 死神) のはたらき、以上が**死**と言われる。

以上、こうした**死**と、先の**老い**とが、その両者をひとつにまとめて、**老いと死**と言われる。

〔原文〕

jāti-pratyayaṃ **jarāmaraṇam** iti **jarā** katamā. yat tat khālatyaṃ pālityaṃ valī-pracuratā jīrṇatā bhugnatā kubja-gopānasī-vaṅkatā tilakālakâcita-gātratā khulakhula-praśvāsa- kāyatā purataḥ prāgbhāra-kāyatā daṇḍa-viṣkambhaṇatā dhandhatvaṃ mandatvaṃ hāniḥ parihāṇir indriyāṇāṃ paripākaḥ paribhedaḥ saṃskārāṇāṃ purāṇībhāvo jarjarībhāvaḥ. iyam ucyate **jarā**.

maraṇaṃ katamat. yā teṣāṃ teṣāṃ sattvānāṃ tasmāt tasmāt sattvanikāyāc cyutiś cyavanato bhedo 'ntara-hāṇir āyuṣo hāṇir uṣmaṇo hāṇir jīvitêndriyasya nirodhaḥ skandhānāṃ nikṣepo maraṇaṃ kāla-kriyā. idam ucyate **maraṇam**.

itîdaṃ ca **maraṇaṃ** pūrvikā ca **jarā**, tad-ubhayam aikadhyam abhisaṃkṣipya **jarā-maraṇam** ity ucyate.

(PSĀVN 118.11–18; cf. Ch. T 547c26–548a4, Tib. D 124b5–125a2, P 132a6–b2)

Savitarkasavicārādibhūmi

【定義的用例】

〔和訳〕 —老い—

(1)“躓くこと”とは如何なるものか。拠り所〔としての身体〕の力が弱まることから、そ〔の身体〕がよろめくことである。(2)“白髪交じりになること”とは如何なるものか。髪の毛の色がなくなることである。(3)“皺がよること”とは如何なるものか。皮膚が縮むことである。(4)“老衰したこと”とは如何なるものか。欲望対象を享受するだけの力がないことと、熱量が減衰することである。(5)“気落ちしていること”とは如何なるものか。骨の折れる仕事をするだけの力がないことであり、〔老いて〕そもそも疾病を抱えていることを原因とする。(6)“体に黒いしみが重なること”とは如何なるものか。容姿の美しさのさまたげという点で、黒斑が目立ってくることである。

そ〔の『縁起経』〕の中で、(7)“曲がった梁のように湾曲していること”、(8)“身体がぜぇぜぇと息を吐くこと”とは如何なるものか。歩行姿勢として現れた身体の形状性であり、それに起因して深く息をしたくなることである。(9)“前方に身体が曲がること”とは如何なるものか。着座姿勢の状態にある者が、身体が前屈みであることである。(10)“杖に支えられていること”とは如何なるものか。起立姿勢の状態にある者が、杖の力を頼りに過ごすことである。(11)“遅鈍なこと”とは如何なるものか。横臥姿勢の状態にある者が、繰り返し深く眠り込むことである。(12)“朦朧なこと”とは如何なるものか。その同じ状況で、すっきりと目覚めるだけの力がないことである。

(13)“減退すること”とは如何なるものか。注意力と理解力が〔減退すること〕である。(14)“すっかり減退すること”とは如何なるものか。注意力と理解力に関して、朧げであるから、善なる法を実践して行くだけの力がないことである。(15)“諸々の〔感覚〕能力がすっかり成熟すること”とは如何なるものか。〔老いて〕そもそも朧げなことである。(16)“すっかり損壊すること”とは如何なるものか。まさにそれら〔感覚能力〕にとっての対象が狭まることである。(17)“諸々の形成力が老い朽ちること”とは如何なるものか。まさにこれら〔の形成力〕の最後の節目であって、死が近いことを原因とする。(18)“老いさらばえること”とは如何なるものか。寿命を完全に終えるから、拠り所〔である身体〕が崩壊に直面することであって、為すべきことを実行することができないことを原因とする。

また、**老い**の要約的な意味とは如何なるものか。(1)拠り所〔である身体〕に関する変化、(2)毛髪に関する変化、(3)増加に関する変化、(4)熱量の力に関する変化、(5)疾病に関する変化、(6)〔肌の〕色に関する変化、(7–12)姿勢に関する変化、(13, 14)非質的な〔思考〕能力に関する変化、(15–16)物質的な〔感覚〕能力に関する変化、(17)〔生の〕節目が過ぎ去ること、(18)寿命が尽きること、以上、要約的な意味を見るべきである。

〔原文〕

skhālityaṃ katamat. yad āśraya-daurbalyāt tat-kaṃpatā. *pālityaṃ* katamat. yat keśa-vaivarṇyam. *valī-pracuratā* katamā. yas tvak-saṃkocaḥ. *jīrṇatā* katamā. yā kāma-bhogâpratibalatā tejo-vihāniś ca. *magnatā* katamā. yā vyavasāya-karaṇâpratibalatā prakṛty-anārogyatām upādāya. *tilakālakâcita-gātratā*[1] katamā. yat kāla-piṇḍôtsadatvam abhirūpya-vipratibandhena.[2]

tatra *kubja-gopānasī-vaṅkatā*, *khurukhuru-praśvāsa-kāyatā* katamā. yā gamanêryāpatha-prabhāvitā kāya-saṃsthānatā tad-udbhavā ca gāḍha-śvasana-kāmanatā. *purataḥ prāgbhāra-kāyatā* katamā. niṣadyêryāpathâvasthitasya yâvanata-kāyatā.[3] *daṇḍa-viṣkambhaṇatā* katamā. sthānêryāpathâvasthitasya yā daṇḍa-balâdhāna-viharaṇatā. *dhandhatvaṃ*[4] katamat. svapnêryāpathâvasthitasya yā gāḍhâbhīkṣṇa-svapnatā. *mandatvaṃ* katamat. yā tatrâiva supratiboddhum apratibalatā.

hāniḥ katamā. yā smṛti-buddhyoḥ. *parihāṇiḥ* katamā. yā smṛti-buddhyor māndyāt kuśaladharma-samudānanâpratibalatā.[5] *indriyāṇāṃ paripākaḥ*[6] katamaḥ. yā prakṛti-mandatā. *paribhedaḥ* katamaḥ. yā teṣām eva viṣayâpracuratā. *saṃskārāṇāṃ purāṇībhāvaḥ* katamaḥ. yâiṣām eva paścimā daśâsanna-maraṇatām upādāya. *jarjarībhāvaḥ* katamaḥ. yâyuḥ-parisamāpter āśrayasya bhaṅgâbhimukhatā kṛtya-viniyogâsamarthatām upādāya.

jarāyāḥ punaḥ samāsârthaḥ katamaḥ. āśraya-vipariṇāmaḥ keśa-vipariṇāmaḥ puṣṭi-vipariṇāmas tejo-bala-vipariṇāma ārogya-vipariṇāmo varṇa-vipariṇāma īryāpatha-vipariṇāmo 'rūpîndriya-vipariṇāmo rūpîndriya-vipariṇāmo daśâtivṛttir āyuḥ-saṃkṣepa iti[7] samāsârtho draṣṭavyaḥ.

[1] *tilakālakācita°* Ms : *tilakācita°* YBh [2] *abhirūpya°* Ms : *avirūpya°* YBh [3] *°kāyatā* em. (cf. Ch. Tib.) : *°kāyapratibalatā* YBh Ms [4] *dhandhatvaṃ* Ms : *dhanutvaṃ(?)* YBh [5] *°samudānanāprati°* Ms : *°samudānayanā prati°* YBh [6] *paripākaḥ* Ms : *pariṇāmaḥ* YBh [7] *iti* em. : om. YBh, *ti* Ms

（YBh 210.1–211.7, Ms 57a4–b1）

〔漢訳〕

衰云何。謂依止劣故、令彼掉動。老云何。謂髮色衰變。攝云何。謂皮膚緩皺。熟云何。謂火力衰減、無復勢力受用欲塵。氣力損壞云何。謂性多疾病故、無有勢力能作事業。黒黶間身云何。謂黯黒出現、損其容色。

身脊傴曲、喘息奔急云何。謂行歩威儀、身形所顯、由此發起、極重喘嗽。形貌僂前云何。謂坐威儀位、身首低曲。憑據杖策云何。謂住威儀位、依杖力而住。昏昧云何。謂臥威儀位、數重睡眠。羸劣云何。謂即於此位、無力速覺。

損減云何。謂念慧衰退。衰退云何。謂念慧劣故、至於善法、不能現行。諸根耄熟云何。謂身體尫羸。功用破壞云何。謂彼於境、不復明利。諸行朽故云何。謂彼於後、將欲終時。其形腐敗云何。謂壽量將盡、身形臨壞、於諸事業、無復功能。

此**老**略義者、謂依止變壞、鬚髮變壞、充悅變壞、火力變壞、無病變壞、色相變壞、威儀變壞、無色諸根變壞、有色諸根變壞、時分已過、壽量將盡、略義應知。

（T 323c16–324a5）

〔チベット語訳〕

khyor[1] ba gaṅ źe na / lus ñam chuṅ bas khyor khyor ba gaṅ yin pa'o // skra dkar ba gaṅ źe na / skra'i mdog 'gyur ba gaṅ yin pa'o // gñer ma maṅ ba gaṅ źe na / bags pa sñer sñer po gaṅ yin pa'o // rgas pa gaṅ źe na / 'dod pa la loṅs spyod pa'i mthu med ciṅ / gzi brjid ñams pa gaṅ yin pa'o // źom pa gaṅ źe na / raṅ bźin gyis nad bu can du gyur pa'i phyir brtsal bar bya ba la mthu med pa gaṅ yin pa'o // lus sme ba nag pos gaṅ ba gaṅ źe na / bzaṅ ba la bgegs su gyur pa'i sme ba nag po maṅ du 'byuṅ ba'o //

de la phyam sgur po ltar sgur ba daṅ mgul ba'i sgra ṅar ṅar po 'byuṅ źiṅ dbugs brdzaṅs pa gaṅ źe na / 'gro ba'i spyod lam gyis phye ba'i lus kyi dbyibs daṅ / de las byuṅ ba'i sṅa ma bas che ba ñid gaṅ yin pa'o // lus mdun du dbyibs[2] sgur por gyur pa gaṅ źe na / 'dug pa'i spyod lam du gnas pa'i lus sgur ba ñid gaṅ yin pa'o // khar[3] ba la brten pa gaṅ źe na / 'greṅ ba'i spyod lam gyis gnas pa na[4] khar[5] bas [6] stobs bskyed pas gnas pa gaṅ yin pa'o // mi gsal bar gyur pa gaṅ źe na / gñid log pa'i spyod lam gyis gnas pa na / rgyun du gñid stug pos non pa gaṅ yin pa'o // źan pa gaṅ źe na / de ñid las myur du sad pa'i mthu med pa gaṅ yin pa'o // ñams pa gaṅ źe na / dran pa'i blo ñams pa gaṅ yin pa'o // yoṅs su ñams pa gaṅ źe na / dran pa'i blo źan pas dge ba'i chos yaṅ dag par sgrub pa'i mthu med pa gaṅ yin pa'o // dbaṅ po rnams yoṅs su smin pa gaṅ źe na / raṅ bźin gyis źan par gyur pa gaṅ yin pa'o // yoṅs su 'bral ba gaṅ źe na / yul de dag ñid la mthu med par gyur pa gaṅ yin pa'o // 'du byed rnams rñiṅs par gyur pa gaṅ źe na / 'chir ñe ba'i phyir de dag ñid kyi tha ma'i dus skabs la bab pa gaṅ yin pa'o // gtugs par gyur pa gaṅ źe na / bya ba byed pa la mthu med par gyur pa'i phyir /[7] tshe yoṅs su zad pa na / lus 'jig tu cha ba gaṅ yin pa'o //

rga ba'i don mdor bsdu ba gaṅ źe na / lus yoṅs su 'gyur ba daṅ / skra yaṅ yoṅs su 'gyur ba daṅ /[8] rgyas pa yoṅs su 'gyur ba daṅ / gzi brjid daṅ ñams stobs yoṅs su 'gyur ba daṅ / nad med pa yoṅs su 'gyur ba daṅ / mdog yoṅs su 'gyur ba daṅ / spyod lam yoṅs su 'gyur ba daṅ / dbaṅ po gzugs can ma yin pa yoṅs su 'gyur ba daṅ / dbaṅ po gzugs can yoṅs su 'gyur ba daṅ / gnas skabs 'das pa daṅ / tshe'i mjug brtul ba ni don gyis[9] mdor bsdu ba yin par blta bar bya'o //

[1] *khyor* D : *'khyor* P [2] *dbyibs* D : *skyibs* P [3][5] *khar* D : *'khar* P [4] *na* P : om. D [6] / add. P [7] / P : // D [8] *skra yaṅ yoṅs su 'gyur ba daṅ* / D : om. P [9] *gyis* D : *gyi* P

（D 108a1–b3, P 123a5–b8）

〔和訳〕 —死—

“それぞれの生き物存在たち”とは如何なるものか。地獄に属する者たちをはじめとする〔生き物存在たち〕である。“生き物存在たちの諸々の集団”とは如何なるものか。まさにそれらすべて〔の地獄、畜生、餓鬼、人、天の生き物存在たち〕である。(1)“死没”とは如何なるものか。それらの生き物存在たちが断末魔〔の苦しみ〕なしに死ぬことである。(2)“死滅”とは如何なるものか。それらの生き物存在たちが断末魔〔の苦しみ〕をともなって死ぬことである。(3)“分離”とは如何なるものか。認識が拠り所〔としての身体〕から離れることである。(4)“消失”とは如何なるものか。物質的な諸々の〔感覚〕能力が停止することである。(5)“寿命がなくなること”とは如何なるものか。息を引き取る段階のことである。(6)“温もりがなくなること”とは如何なるものか。動きのなくなった段階のことである。(7)“〔5つの〕部類を投げ捨てること”、(8)“生命力が停止すること”とは如何なるものか。死期における死である。(9)“死”とは如何なるものか。その〔死の〕諸々の条件による、死期でないときの死没である。(10)“死期(/死神)のはたらき”とは如何なるものか。死したばかりで間もない段階のことである。別の観点の理解があり、死魔のしわざが“死神のはたらき”と言われる。

また、**死**の要約的な意味とは如何なるものか。(1–2)死没するということ、(3–4)死没する存在要素、(5–9)死没のしかた、(10)死没した者にとってのその後の死期、以上、これが要約的な意味である。

〔原文〕

te te sattvāḥ katame. nārakâdayaḥ. *sattvanikāyaḥ* katamaḥ.[1] sarve ta eva. *cyutiḥ* katamā. yeṣāṃ sattvānāṃ marmacchedam antareṇa maraṇam. *cyavanatā* katamā. yeṣāṃ sattvānāṃ saha marmacchedena maraṇam. *bhedaḥ* katamaḥ. yā vijñānasyâśrayād apakrāntiḥ. *antarhāṇiḥ*[2] katamā. yo rūpiṇām indriyāṇāṃ nirodhaḥ. *āyuṣo hāniḥ* katamā. yā hikkâśvāsâvasthā. *ūṣmaṇo hāniḥ* katamā. yā niśceṣṭâvasthā. *skandhānāṃ nikṣepo jīvitêndriyasya nirodhaḥ* katamaḥ. yat kāla-maraṇam. *maraṇaṃ* katamat. yâkāla-cyutis[3] tat-pratyayaiḥ. *kāla-kriyā* katamā. yâsannâcira-mṛtâvasthā.[4] aparaḥ paryāyo maraṇamāra-karma[5] *kāla-kriyê*ty ucyate.

maraṇasya[6] punaḥ samāsârthaḥ katamaḥ. yā ca cyutiḥ, yasya ca dharmasya cyutiḥ, yathā ca cyutiḥ, cyutasya ca tad-ūrdhvaṃ yaḥ kālaḥ, ity ayaṃ samāsârthaḥ.

1) °*nikāyaḥ katamaḥ* em. : °*nikāyā katame* YBh, °*nikāyā katameḥ* Ms (unclear) 2) *antarhāṇiḥ* em. : *antardhāniḥ* YBh Ms 3) *yākāla*° Ms (*yā akāla*°) : *yā kāla*° YBh 4) *yāsannācira*° Ms : *yāsannā cira*° YBh 5) *maraṇamārakarma* Ms : *māraṇaṃ mārakarma* YBh 6) *maraṇasya* Ms : *māraṇasya* YBh

(YBh 211.8–212.3, Ms 57b1–3)

〔漢訳〕

彼彼有情云何。謂那落迦等。有情種類云何。謂即彼一切。終云何。謂諸有情、離解支節而死。盡云何。謂諸有情、由解支節而死。壞云何。謂識離身。沒云何。謂諸色根滅。捨壽云何。謂氣將盡位。捨煖云何。謂不動位、棄捨諸蘊。命根謝滅云何。謂時死。死云何。謂遇横縁、非時而死。時運盡云何。謂初死未久位、又死魔業、名時運盡。

此**死**略義者、謂若死、若死法、若死差別、若死後位、是名略義。

（T 324a6–14）

〔チベット語訳〕

sems can de daṅ de dag ces bya ba gaṅ źe na / sems can dmyal ba pa la sogs pa'o // sems can gyi[1] ris gaṅ źe na / de dag thams cad ñid do // 'chi 'pho ba gaṅ źe na / sems can gaṅ dag gnad chad pa med par 'chi ba'o // 'chi ba ñid[2] gaṅ źe na / sems can gaṅ dag gnad chad de 'chi ba'o // 'bral ba gaṅ źe na / lus las rnam par śes pa 'bral ba gaṅ yin pa'o // med par 'gyur ba gaṅ źe na / dbaṅ po gzugs can 'gags pa gaṅ yin pa'o // tshe ñams pa gaṅ źe na / skyigs[3] bu daṅ rṅam[4] par gyur pa'i gnas skabs gaṅ yin pa'o // drod yal ba gaṅ źe na / g-yo ba med par gyur pa'i gnas skabs gaṅ yin pa'o // phuṅ po rnams spaṅs śiṅ srog gi dbaṅ po 'gags pa gaṅ źe na / dus su 'chi ba gaṅ yin pa'o // 'chi ba gaṅ źe na / de'i rkyen dag gis dus la ma bab par 'chi 'pho ba gaṅ yin pa'o // 'chi ba'i dus byed pa gaṅ źe na / riṅ por mi thogs par 'chi ba'i gnas skabs gaṅ yin pa'o // rnam graṅs gźan yaṅ 'chi ba ni bdud kyi las te / 'chi ba'i dus byed ces bya ba yin no //

'chi ba'i don mdor bsdu ba gaṅ źe na / 'chi 'pho ba gaṅ yin pa daṅ / chos gaṅ 'chi 'pho ba daṅ / ji ltar 'chi 'pho ba daṅ / śi 'phos pa de'i mjug thogs kyi dus gaṅ yin pa ste / 'di ni don gyis[5] mdor bsdu ba yin no //

[1] *gyi* D : *gyis* P [2] *ñid* D : om. P [3] *skyigs* D : *skyibs* P [4] *rṅam* D : *sṅam* P [5] *gyis* D : *gyi* P

（D 108b3–7, P 123b8–124a6）

付録 / Appendix

百法対応語ならびに十二支縁起項目語の訳例対応表

Table of Terms Contained within the One Hundred Elements (*dharma*) and Terms of the Twelve Members of *pratītyasamutpāda* with Multi-lingual Equivalents

サンスクリット	チベット語訳	漢訳（玄奘訳）	訳例	頁
百法対応語				
cakṣurvijñāna	mig gi rnam par śes pa	眼識	眼に拠る認識, 視覚	2
śrotravijñāna	rna ba'i rnam par śes pa	耳識	耳に拠る認識, 聴覚	3
ghrāṇavijñāna	sna'i rnam par śes pa	鼻識	鼻に拠る認識, 嗅覚	4
jihvāvijñāna	lce'i rnam par śes pa	舌識	舌に拠る認識, 味覚	5
kāyavijñāna	lus kyi rnam par śes pa	身識	身体に拠る認識, 触覚	6
vijñāna	rnam par śes pa	識	認識	7
manas	yid	意	思考	8
citta	sems	心	心	10
manaskāra	yid la byed pa	作意	注意, 傾注	12
sparśa	reg pa	觸	接触	14
vedanā	tshor ba	受	感受	16
saṃjñā	'du śes	想	表象, 想念	18
cetanā	sems pa	思	意思	20
chanda	'dun pa	欲	欲求	22
adhimokṣa	mos pa	勝解	確信	24
smṛti	dran pa	念	憶念	26
samādhi	tiṅ ṅe 'dzin	三摩地	専心	28
prajñā	śes rab	慧	知	30
rāga	'dod chags	貪	貪り, 貪欲	33
pratigha	khoṅ khro ba	恚	怒り, 憤怒	35
māna	ṅa rgyal	慢	慢心, 思い上がり	37
avidyā	ma rig pa	無明	無知曚昧	39
vicikitsā	the tshom	疑	疑念	41
vitarka	rtog pa	尋	尋思	43
vicāra	dpyod pa	伺	吟味	52
cakṣus	mig	眼	眼, 視覚機能	53
śrotra	rna ba	耳	耳, 聴覚機能	55
ghrāṇa	sna	鼻	鼻, 嗅覚機能	56
jihvā	lce	舌	舌, 味覚機能	57

kāya	lus	身	身体, 触覚対象	58
rūpa	gzugs	色	いろかたち, 視覚対象	59
śabda	sgra	聲	音声, 聴覚対象	62
gandha	dri	香	におい, 香り, 嗅覚対象	65
rasa	ro	味	味, 味覚対象	67
spraṣṭavya	reg bya	觸	触覚対象	69
prāpti	'thob pa	得	獲得	71
jīvitendriya	srog gi dbaṅ po	命根	生命力	73
nikāyasabhāga	ris mthun pa	衆同分	集団の同類性	75
pṛthagjanatva	so so'i skye bo ñid	異生性	凡人であること	77
asaṃjñisamāpatti	'du śes med pa'i sñoms par 'jug pa	無想定	無想念の心統一	79
nirodhasamāpatti	'gog pa'i sñoms par 'jug pa	滅盡定	抑止の心統一	81
āsaṃjñika	'du śes med pa pa	無想/ 無想天	想念が無い者	84
nāmakāya	miṅ gi tshogs	名身	名辞の集合	86
padakāya	tshig gi tshogs	句身	文の集合	88
vyañjanakāya	yi ge'i tshogs	文身	文字の集合	90
jāti	skye ba	生	生起	92
jarā	rga ba	老	変異, 老化	95
sthiti	gnas pa	住	存続	98
anityatā	mi rtag pa ñid	無常	無常	101
pravṛtti	'jug pa	流轉	継起	104
pratiniyama	so sor ṅes pa	定異	個別的制約	106
yoga	sbyor ba	相應	道理	108
java	mgyogs pa	勢速	迅速	110
anukrama	go rims	次第	順序	112
deśa	yul	方	〔空間的〕ひろがり, 方面	114
kāla	dus	時	時間	115
saṃkhyā	graṅs	數	数	117
sāmagrī	tshogs pa	和合	総合体	119
asāmagrī	ma tshogs pa	不和合	非総合体	121
ākāśa	nam mkha'	虚空	空間	122
apratisaṃkhyānirodha	so sor brtags pa ma yin pa'i 'gog pa	非擇滅	考察によらない抑止	123

十二支縁起項目語

1 avidyā	ma rig pa	無明	無知曚昧	126
2 saṃskāra	'du byed	行	形成力	141
3 vijñāna	rnam par śes pa	識	認識	143
4 nāmarūpa	miṅ daṅ gzugs	名色	名称と形態, 精神的なものと物質的なもの	145
5 ṣaḍāyatana	skye mched drug	六處	6つの場	148
6 sparśa	reg pa	觸	接触	150
7 vedanā	tshor ba	受	感受	152
8 tṛṣṇā	sred pa	愛	愛着, 渇愛	154
9 upādāna	len pa	取	取り込み	156
10 bhava	srid pa	有	生成, 生存	158
11 jāti	skye ba	生	誕生	160
12 jarāmaraṇa	rga ba daṅ 'chi ba	老死	老いと死	163

略号一覧 / Abbreviations

add.	added in
Ch.	Chinese translation
D	sDe dge edition of the Tibetan Tripiṭaka
em.	emended
Ms	The Sanskrit Manuscript of the *Yogācārabhūmi*
om.	omitted in
P	Peking edition of the Tibetan Tripiṭaka
PSĀVN	*Pratītyasamutpādādivibhaṅganirdeśasūtra* edited by P. L. Vaidya, see VAIDYA［1961］.
Skt.	Sanskrit
ŚrBh	*Śrāvakabhūmi* edited by Śrāvakabhūmi Study Group, see 声聞地研究会［1998］.
T	大正新脩大蔵経
Tib.	Tibetan translation
YBh	*Yogācārabhūmi* edited by Vidhushekhara Bhattacharya, see BHATTACHARYA［1957］.
YBh_{Ahn}	*Yogācārabhūmi* edited by Sung-doo Ahn, see AHN［2003］.
七十五法	『『倶舎論』を中心とした五位七十五法の定義的用例集』、斎藤 ほか［2011］参照。
百法	『瑜伽行派の五位百法』、斎藤 ほか［2014］参照。
パーリ文献	『ブッダゴーサの著作に至るパーリ文献の五位七十五法対応語』、榎本 ほか［2014］参照。

文献一覧 / Bibliography

一次文献 / Primary Sources

Pratītyasamutpādādivibhaṅganirdeśasūtra

Skt. VAIDYA［1961: 117–118］

Tib. D (211) tsha 123b1–125a3, P [34] (877) tsu 131a1–132b3

Ch. T [2] (124) 547–548（玄奘訳）

Yogācārabhūmi

Maulī bhūmiḥ / Maulyo bhūmayaḥ

Pañcavijñānakāyasaṃprayuktā bhūmiḥ

Skt. BHATTACHARYA［1957: 4–10］

Tib. D (4035) tshi 2a2–5b2, P [109] (5536) dzi 2b2–6a7

Ch. T [30] (1579) 279–280（玄奘訳）

Manobhūmi

Skt. BHATTACHARYA［1957: 11–72］

Tib. D (4035) tshi 5b2–37a7, P [109] (5536) dzi 6a7–42b2

Ch. T [30] (1579) 280–294（玄奘訳）

Savitarkasavicārādibhūmi

Skt. BHATTACHARYA［1957: 73–232］

AHN［2003: 56–86］(partial)

Tib. D (4035) tshi 37a7–120b2, P [109] (5536) dzi 42b3–137a8

Ch. T [30] (1579) 294–328（玄奘訳）

Viniścayasaṃgrahaṇī

Pañcavijñānakāyasaṃprayuktamanobhūmiviniścaya

Tib. D (4038) źi 1b2–107a4, P [110] (5539) zi 1b4–111b2

Ch. T [30] (1579) 579–620（玄奘訳）

『決定蔵論』: T [30] (1584) 1018–1035（真諦訳）

Savitarkasavicārādibhūmiviniścaya

Tib. D (4038) źi 107a4–166a5, P [110] (5539) zi 111b2–174a2

Ch. T [30] (1579) 620–644（玄奘訳）

二次文献 / Secondary Sources

AHN, Sung-doo

[2003] *Die Lehre von den Kleśas in der Yogācārabhūmi*, Alt- und Neu-Indische Studien 55, Stuttgart: Franz Steiner Verlag.

BANDURSKI, Frank

[1994] "Übersicht über die Göttinger Sammlungen der von Rāhula Sāṅkṛtyāyana in Tibet aufgefundenen buddhistischen Sanskrit-Texte," *Untersuchungen zur buddhistischen Literatur, Sanskrit-Wörterbuch der buddhistischen Texte aus den Turfan-Funden*, Beiheft 5, Göttingen: Vandenhoeck und Ruprecht, pp. 9–126.

BHATTACHARYA, Vidhushekhara

[1957] *The Yogācārabhūmi of Ācārya Asaṅga: The Sanskrit Text Compared with the Tibetan Version*, part 1, Calcutta: The University of Calcutta.

CHAKRAVARTI, N. P.

[1931–1932] "Two Brick inscriptions from Nālandā," *Epigraphia Indica*, vol. 21, pp.193–199.

DELHEY, Martin

[2013] "The *Yogācārabhūmi* Corpus: Sources, Editions, Translations, and Reference Works," *The Foundation for Yoga Practitioners: The Buddhist Yogācārabhūmi Treatise and Its Adaptation in India, East Asia, and Tibet*, Harvard Oriental Series 75, Cambridge, Mass. & London: Harvard University Press, pp. 498–561.

ENOMOTO, Fumio *et al*.（榎本文雄 ほか）

[2014] 『ブッダゴーサの著作に至るパーリ文献の五位七十五法対応語―仏教用語の現代基準訳語集および定義的用例集―バウッダコーシャ III』、インド学仏教学叢書 17、東京：山喜房佛書林。

HARADA, Waso（原田和宗）

[2004] 「『瑜伽師地論』「有尋有伺等三地」の縁起説（1）―テキストと和訳―」、『九州龍谷短期大学紀要』50、pp. 141–179。

HONJO, Yoshifumi（本庄良文）

[1989] 『梵文和譯 決定義經・註』、京都：私家版。

[2014] 『倶舎論註 ウパーイカーの研究 訳註篇』上・下、東京：大蔵出版。

HORIUCHI, Toshio（堀内俊郎）

[2016] 「『縁起経釈論』の「生」「老死」解釈訳註」、『国際哲学研究』5、pp. 203–210。

KANO, Kazuo（加納和雄）

［2009］　「ゲッティンゲン所蔵の仏典梵文写本管見―『バンドルスキー目録』序文の和訳―」、『高野山大学論叢』44、pp. 31–63。

KRAGH, Ulrich Timme

［2013］　"The *Yogācārabhūmi* and Its Adaptation: Introductory Essay with a Summary of the Basic Section," *The Foundation for Yoga Practitioners: The Buddhist Yogācārabhūmi Treatise and Its Adaptation in India, East Asia, and Tibet*, Harvard Oriental Series 75, Cambridge, Mass. & London: Department of South Asian Studies, Harvard University, pp. 22–287.

KRITZER, Robert

［1999］　*Rebirth and Causation in the Yogācāra Abhidharma*, Wiener Studien zur Tibetologie und Buddhismuskunde, Heft 44, Wien: Arbeitskreis für Tibetische und Buddhistische Studien, Universität Wien.

KUSUMOTO, Nobumichi（楠本信道）

［2007］　『『倶舎論』における世親の縁起説』、京都：平樂寺書店。

MEJOR, Marek

［1991］　*Vasubandhu's Abhidharmakośa and the Commentaries Preserved in the Tanjur*, Alt- und Neu-Indische Studien 42, Stuttgart: Franz Steiner Verlag.

［2002］　"On the sevenfold classification of the negative particle (*nañ*) (Grammatical explanation of *a-vidyā* in Vasubandhu's *Pratītyasamutpāda-vyākhyā*)," *Early Buddhism and Abhidharma Thought: Honor of Doctor Hajime Sakurabe on His Seventy-seventh Birthday*, Kyoto: Heirakuji Shoten, pp. 87–100.

MIZUNO, Kogen（水野弘元）

［1964］　『パーリ佛教を中心とした佛教の心識論』、東京：山喜房佛書林。

MUROJI, Yoshihito（室寺義仁）

［1993］　*Vasubandhus Interpretation zum Pratītyasamutpāda: eine kritische Bearbeitung der Pratītyasamutpādavyākhyā (Saṃskāra- und Vijñānavibhaṅga)*, Alt- und Neu-Indische Studien 43, Stuttgart: Franz Steiner Verlag.

［1997］　"Guṇamati's Version of the PSĀVN," *Tibetan Studies*, vol. 2, Wien: Verlag der Österreichischen Akademie der Wissenschaften, pp. 647–656.

［2008］　「輪廻の原因としての無明―諸々のサンスカーラについての無知―」、『高野山大学論叢』43、pp. 47–60。

［2010］　「ヴァスバンドゥの注意力（*manaskāra*）解釈―識別（*vijñāna*）成立のための三要件―」、『インド論理学研究』1、pp. 213–222。

[2015]　「「信」（*śraddhā*）と「無明」（*avidyā*）―ヴァスバンドゥの『五蘊論』における定義を巡って―」、『印度學佛教學研究』63-2、pp. 118–125。

OKADA, Eisaku（岡田英作）

[2017]　「『菩薩地』における prajñā―菩薩道実践の観点から―」、『仏教文化研究論集』18（近刊予定）。

SAITO, Akira *et al.*（斎藤明 ほか）

[2011]　『『倶舎論』を中心とした五位七十五法の定義的用例集―仏教用語の用例集（バウッダコーシャ）および現代基準訳語集 1―』、インド学仏教学叢書 14、東京：山喜房佛書林。

[2014]　『瑜伽行派の五位百法―仏教用語の現代基準訳語集および定義的用例集―バウッダコーシャ II』、インド学仏教学叢書 16、東京：山喜房佛書林。

SĀṄKṚTYĀYANA, Rāhula

[1937]　"Second Search of Sanskrit Palm-Leaf Mss. in Tibet," *Journal of the Bihar and Orissa Research Society*, vol. 23, pp. 1–57.

SCHMITHAUSEN, Lambert

[1987]　*Ālayavijñāna, On the Origin and the Early Development of a Central Concept of Yogācāra Philosophy*, 2 vols, STUDIA PHILOLOGICA BUDDHICA Monograph Series 4, Tokyo: The International Institute for Buddhist Studies. (Reprinted in 2007)

[2014]　*The Genesis of Yogācāra-Vijñānavāda: Responses and Reflections*, KASUGA LECTURES SERIES 1, Tokyo: The International Institute for Buddhist Studies.

SFERRA, Francesco

[2008]　"Sanskrit Manuscripts and Photographs of Sanskrit Manuscripts in Giuseppe Tucci's Collection," *Sanskrit Texts from Giuseppe Tucci's Collection*, part 1, Manuscripta Buddhica 1, Roma: Istituto Italiano per l'Africa e l'Oriente, pp. 15–78.

SHIMIZU, Kairyu（清水海隆）

[1983]　「『瑜伽師地論』の原典研究（I）―五識身相応地第一の和訳―」、『仏教学論集』16、pp. 4–29。

[1984]　「『瑜伽師地論』の原典研究（II）―意地第二の和訳（その一）―」、『仏教学論集』17、pp. 10–23。

[1985]　「『瑜伽師地論』の原典研究（III）―意地第 2 の和訳（その 2）―」、『大崎学報』140、pp. 9–28。

ŚRĀVAKABHŪMI STUDY GROUP（声聞地研究会）

[1998]　『瑜伽論 声聞地 第一瑜伽処―サンスクリット語テキストと和訳―』、大正大学綜合佛教研究所研究叢書 4、東京：山喜房佛書林。

SUEKI, Yasuhiro（末木康弘）

[1981]　「瑜伽論における随煩悩について」、『印度學佛教學研究』29-2、pp. 67–69。

TAKATSUKASA, Yuki（高務祐輝）

[2015a]　「『瑜伽師地論』における心所説の再考」、『印度學佛教學研究』63-2、pp. 114–127。

［2015b］ 「cakṣurvijñāna, cakṣus, rūpa の用例と訳例—『瑜伽師地論』「本地分」に基づく定義的用例集作成に向けて—」、*Bauddhakośa Newsletter* 第 4 号、pp. 10–16。

VAIDYA, P. L.

［1961］ *Mahāyāna-sūtra-saṃgrahaḥ*, part 1, Buddhist Sanskrit Texts 17, Darbhanga: Mithila Institute of Postgraduate Studies & Research in Sanskrit Learning.

YOSHIMOTO, Shingyo（吉元信行）

［1985］ 「心理的諸概念の大乗アビダルマ的分析—遍行・別境心所—」、『中村瑞隆博士古稀記念論集 仏教学論集』、東京：春秋社、pp. 153–170。

索引 / Index

サンスクリット / Sanskrit

A

adhimokṣa 24
anityatā 101
anukrama 112
apratisaṃkhyānirodha 123
avidyā 39, 126
asaṃjñisamāpatti 79
asāmagrī 121

Ā

ākāśa 122
āsaṃjñika 84

U

upādāna 156

K

kāya 58
kāyavijñāna 6
kāla 115

G

gandha 65

GH

ghrāṇa 56
ghrāṇavijñāna 4

C

cakṣurvijñāna 2
cakṣus 53
citta 10
cetanā 20

CH

chanda 22

J

jarā 95
jarāmaraṇa 163
java 110
jāti 92, 160
jihvā 57
jihvāvijñāna 5
jīvitendriya 73

T

tṛṣṇā 154

D

deśa 114

N

nāmakāya 86
nāmarūpa 145
nikāyasabhāga 75
nirodhasamāpatti 81

P

padakāya 88

pṛthagjanatva 77
prajñā 30
pratigha 35
pratiniyama 106
pravṛtti 104
prāpti 71

BH

bhava 158

M

manas 8
manaskāra 12
māna 37

Y

yoga 108

R

rasa 67
rāga 33
rūpa 59

V

vicāra 52
vicikitsā 41
vijñāna 7, 143
vitarka 43
vedanā 16, 152
vyañjanakāya 90

Ś

śabda 62
śrotra 55
śrotravijñāna 3

Ṣ

ṣaḍāyatana 148

S

saṃkhyā 117
saṃjñā 18
saṃskāra 141
samādhi 28
sāmagrī 119
sthiti 98
sparśa 14, 150
spraṣṭavya 69
smṛti 26

チベット語訳 / Tibetan Translation

K

skye mched drug ... 148
skye ba ... 92, 160

KH

khoṅ khro ba ... 35

G

go rims ... 112
graṅs ... 117
mgyogs pa ... 110
'gog pa'i sñoms par 'jug pa ... 81
rga ba ... 95
rga ba daṅ 'chi ba ... 163
sgra ... 62

Ṅ

ṅa rgyal ... 37

C

lce ... 57
lce'i rnam par śes pa ... 5

J

'jug pa ... 104

T

tiṅ ṅe 'dzin ... 28
rtog pa ... 43

TH

the tshom ... 41
'thob pa ... 71

D

dus ... 115
dran pa ... 26
dri ... 65
'du byed ... 141
'du śes ... 18
'du śes med pa pa ... 84
'du śes med pa'i sñoms par 'jug pa ... 79
'dun pa ... 22
'dod chags ... 33

N

nam mkha' ... 122
gnas pa ... 98
rna ba ... 55
rna ba'i rnam par śes pa ... 3
rnam par śes pa ... 7, 143
sna ... 56
sna'i rnam par śes pa ... 4

P

dpyod pa ... 52

B

sbyor ba ... 108

M

ma tshogs pa ... 121
ma rig pa ... 39, 126
mi rtag pa ñid ... 101
mig ... 53
mig gi rnam par śes pa ... 2
miṅ gi tshogs ... 86
miṅ daṅ gzugs ... 145
mos pa ... 24

TSH

tshig gi tshogs ... 88
tshogs pa ... 119
tshor ba ... 16, 152

Z

gzugs....59

Y

yi ge'i tshogs....90
yid....8
yid la byed pa....12
yul....114

R

ris mthun pa....75
reg pa....14, 150
reg bya....69
ro....67

L

lus....58
lus kyi rnam par śes pa....6
len pa....156

Ś

śes rab....30

S

sems....10
sems pa....20
so so'i skye bo ñid....77
so sor ṅes pa....106
so sor brtags pa ma yin pa'i 'gog pa....123
srid pa....158
sred pa....154
srog gi dbaṅ po....73

漢訳（玄奘訳）/ Chinese Translation (Xuanzang's Translation)

あ

愛（あい） 154

恚（い） 35

意（い） 8

異生性（いしょうしょう） 77

有（う） 158

慧（え） 30

か

疑（ぎ） 41

行（ぎょう） 141

句身（くしん） 88

眼（げん） 53

眼識（げんしき） 2

香（こう） 65

虚空（こくう） 122

さ

作意（さい） 12

三摩地（さんまじ、さまじ） 28

伺（し） 52

思（し） 20

時（じ） 115

色（しき） 59

識（しき） 7, 143

次第（しだい） 112

取（しゅ） 156

受（じゅ） 16, 152

住（じゅう） 98

衆同分（しゅどうぶん） 75

生（しょう） 92, 160

聲（しょう） 62

定異（じょうい） 106

勝解（しょうげ） 24

心（しん） 10

身（しん） 58

尋（じん） 43

身識（しんしき） 6

數（すう） 117

勢速（せいそく） 110

舌（ぜつ） 57

舌識（ぜっしき） 5

想（そう） 18

相應（そうおう） 108

觸（そく） 14, 69, 150

た

得（とく） 71

貪（とん） 33

な

耳（に） 55

耳識（にしき） 3

念（ねん） 26

は

鼻（び） 56

鼻識（びしき） 4

非擇滅（ひちゃくめつ） 123

不和合（ふわごう） 121

方（ほう） 114

ま

慢（まん） 37

味（み） 67

命根（みょうこん） 73

名色（みょうしき）..145
名身（みょうしん）..86
無想定（むそうじょう）..................................79
無常（むじょう）..101
無想（むそう）/ 無想天（むそうてん）.........84
無明（むみょう）......................................39, 126
滅盡定（めつじんじょう）..............................81
文身（もんしん）..90

や

欲（よく）..22

ら

流轉（るてん）..104
老（ろう）..95
老死（ろうし）..163
六處（ろくしょ）..148

わ

和合（わごう）..119

『瑜伽師地論』における五位百法対応語ならびに十二支縁起項目語
—仏教用語の現代基準訳語集および定義的用例集—バウッダコ
ーシャ V〔インド学仏教学叢書 21〕

2017 年 3 月 15 日　初版第一刷発行
著　者　室寺義仁（代表）
高務祐輝　岡田英作
発行者　インド学仏教学叢書
編　集　委　員　会
代表　蓑輪顕量
〒113-0033　東京都文京区本郷 7-3-1
東京大学文学部インド哲学仏教学研究室内
発売所　山　喜　房　佛　書　林
〒113-0033　東京都文京区本郷 5-28-5
電話　03-3811-5361

© Yoshihito Muroji *et al.*
ISBN 978-4-7963-0283-8